Simeone.
Partido a partido

Simeone.
Partido a partido

Si se cree, se puede

Plataforma
Editorial

Simeone. Partido a partido es una edición ampliada de *El efecto Simeone*, también publicado por Plataforma Editorial en abril de 2013

Primera edición en esta colección: setiembre de 2014

Octava edición: febrero de 2017

Redacción:
Santi García Bustamante y, de los apéndices, José Luis Pasqués

Plataforma Editorial
c/ Muntaner, 269, entlo. 1.ª – 08021 Barcelona
Tel.: (+34) 93 494 79 99 – Fax: (+34) 93 419 23 14
www.plataformaeditorial.com
info@plataformaeditorial.com

Depósito legal: B. 20.925-2014
ISBN: 978-84-16256-02-0
IBIC: VS
Printed in Spain – Impreso en España

Fotografía de cubierta:
Ángel Gutiérrez Luque

Realización de cubierta y fotocomposición:
Grafime

El papel que se ha utilizado para imprimir este libro proviene
de explotaciones forestales controladas, donde se respetan
los valores ecológicos, sociales y el desarrollo sostenible del bosque.

Impresión:
Reinbook Serveis Gràfics
Polinyà (Barcelona)

A Giovanni, Gianluca y Giuliano por las horas que les he restado para poder realizar mi trabajo. Y a todas aquellas personas que de alguna manera han transitado conmigo por el camino hermoso del fútbol, mi pasión.

«Estaré loco pero aún vivo del corazón.»

DIEGO SIMEONE

Índice

Nota a la nueva edición

Cuando se publicó la primera edición de este libro con el título de *El efecto Simeone,* nadie imaginaba –o tal vez sí– los éxitos que lograría Diego Pablo Simeone como entrenador del Atlético de Madrid. Por eso hemos considerado oportuno y necesario publicar esta nueva edición con un título nuevo, *Simeone. Partido a partido*, donde hemos incorporado el análisis del «Cholo» en su propia voz, en relación con los resultados obtenidos en la Copa del Rey de la temporada 2012/2013, y la Liga española y la Champions League de la temporada 2013/2014. Los tres apéndices, elaborados por el periodista José Luis Pasqués tras varias sesiones de trabajo con Simeone, recogen precisamente la personal visión de este sobre cada uno de esos tres campeonatos.

Presentación
Por qué y cómo se ha elaborado este libro

En nuestra continua búsqueda de temas auténticos y con sentido para la colección Plataforma Actual, hace tiempo en la editorial decidimos analizar la figura de Diego Simeone, exfutbolista y actual entrenador del Atlético de Madrid.

Nos llamaron la atención su discurso, la estrategia que aplica y los resultados que ha conseguido como entrenador en tiempo récord. La convicción, seguridad y aplomo que presidían todas sus intervenciones, y la sincera admiración que mostraban los jugadores de su equipo por la manera de motivarles y hacer que se sintieran mejores en todos los sentidos.

Vivimos tiempos complejos en los que valores como la confianza o la autoestima parecen arrinconados en las últimas páginas de nuestro diccionario, y por eso toparnos con el caso de Simeone nos hizo pensar en reunir su decálogo en un libro, que iría dirigido a un amplio grupo de lectores, fueran o no aficionados al fútbol.

Porque el método Simeone es aplicable a cualquier ámbito de la vida.

El periodista Santi García Bustamante mantuvo varias sesiones de trabajo con Diego Simeone en su domicilio, y a partir de ellas se ha elaborado este libro, que está redactado en primera persona porque la personalidad del «Cholo» no puede expresarse de otra manera.

En primera persona sus valores adquieren una fuerza extraordinaria y una dimensión real. Confianza, sinceridad, sentimiento, entusiasmo, pasión, esfuerzo, equilibrio, respeto, trabajo, optimismo.

En la gestión de equipos humanos nunca hay una situación adversa que sea imposible revertir. Prefiere acometer los retos en momentos complicados porque es ahí donde se siente más cómodo y mejor florecen sus teorías y el manejo de los grupos.

Después de tantas horas de diálogo y de exposiciones relajadas sobre su método, Simeone invita a pensar que si no se hubiera dedicado al mundo del fútbol también habría sido un líder en cualquier otro ámbito profesional.

Prólogo

Estaba tranquilamente en casa una tarde cuando sonó el teléfono. «¿Cómo le va, Luis? Le habla Natalia Simeone. Resulta que una editorial está haciendo un libro sobre mi hermano, y nos han pedido que les sugiramos alguna persona que haya sido importante en la carrera deportiva de Diego para escribir el prólogo. Y mi hermano inmediatamente ha pensado en usted.»

Le dije que sí al instante, por supuesto, aunque para alguien como yo esto de escribir un prólogo era algo nuevo que de entrada me produjo mucho respeto, un cosquilleo parecido al que sientes cuando vas a tirar un penalti. ¿Y si la echo fuera?

Pero la verdad es que hablar de una persona como el «Cholo» Simeone es muy agradecido. Y además estoy encantado de hacerlo.

Como pueden imaginar, durante mi larga carrera deportiva, primero como futbolista y más tarde como entrenador, he conocido a muchos jugadores, cada uno de ellos con distintos orígenes, formas de ser y de entender el deporte y la vida. De algunos he tenido que hacer casi de padre, con otros de amigo, con todos de «padre espiritual», por decirlo de alguna manera. La gestión de equipos humanos no es una disciplina fácil, especialmente cuando son personas jóvenes, deportistas de éxito y muchas veces aún inmaduros. Se mezclan personalidades distintas que a veces tienen objetivos distintos pese a llevar todos la misma camiseta.

Por eso es tarea fundamental del entrenador lograr que el grupo esté unido y trabaje en la misma dirección y con los mismos objetivos. Será la única fórmula que ayude a ganar partidos y a que el equipo merezca el respeto de público, prensa y rivales. Es el primer peldaño que hay que subir para poder aspirar a conseguir títulos.

He tenido una larga vinculación con el Atlético de Madrid, primero como jugador y después como entrenador en varias etapas, pero curiosamente nunca llegué a entrenar a Diego Simeone en el equipo rojiblanco. Lo hice en el Sevilla en la temporada 92-93.

Me resulta muy fácil hablar de Simeone. En primer lugar desde el agradecimiento por haber sido siempre una persona franca y sincera de mente, corazón y espíritu. Son los valores que más aprecio en una persona, porque quien los tiene como estrategia de vida los aplica a todos los ámbitos de su actividad. Y al fútbol también, claro.

En segundo lugar, desde el reconocimiento a todos sus logros primero como jugador y ahora como entrenador, porque, pese a ser muy joven, cada semana muestra maneras de técnico grande, basta echar un vistazo a sus logros y, sobre todo, a lo que dicen de él los jugadores a los que dirige.

Ha devuelto al Atlético de Madrid a su lugar en el mundo. El equipo vuelve a ser competitivo y ha recuperado la mentalidad ganadora.

Otro aspecto destacable sería su quehacer como futbolista, con la profesionalidad como bandera desde el primer día y una vehemencia en el compromiso que aún recuerdo, y que muchas veces he puesto de ejemplo en otros equipos. Le he escuchado ya varias veces una frase que creo que le define perfectamente: «Estaré loco pero aún vivo del corazón».

Como entrenador suyo, he de reconocer que su forma de ser le convertía en mi mejor aliado en el césped; era como si yo estuviera jugando y pudiera desde el terreno de juego dirigir la estrategia del equipo. Tenía un sexto sentido para saber qué decir a los compañeros en cada momento, cómo animarles cuando lo necesitaban y de qué manera mantener la actitud adecuada en cada situación.

Corazón, franqueza, pasión, compromiso. Son adjetivos que cobran su sentido más auténtico cuando se refieren al «Cholo». La manera de ganarte su confianza y de que te acompañara hasta el fin del mundo era ser franco con él, ir con la verdad siempre por delante, aunque a veces doliera. Nunca soportó que le mintieran.

Integridad, trabajo y compromiso por encima de todo.

Conociendo cuáles son sus valores es fácil entender su personalidad como entrenador. Son los que aplica en su vida, que en gran parte es el fútbol. Es lo que ha hecho que se le quiera y se le respete.

LUIS ARAGONÉS
Seleccionador español de fútbol
entre 2004 y 2008, campeón de la Eurocopa
de 2008 disputada en Austria y Suiza.

1. En esto creo

«Cuando la vida nos pone retos el ser humano siempre responde, porque en las dificultades somos mejores.»

El liderazgo

El liderazgo dentro de un grupo no se elige. Tú no decides que quieres ser el líder de un equipo. Es el propio equipo el que te sigue por tener tú una serie de características que te diferencian del resto. Ese es mi caso. Yo no trato de buscar ese liderazgo dentro de un grupo. Sé que lo tengo. No se puede entrenar, es natural, se da, y no hay que pensarlo más.

Admito que en ocasiones no es fácil encontrar la razón por la que los miembros de un grupo te eligen para ser su líder. Pero normalmente las personas elegidas para asumir ese cometido son diferentes al resto. Caminan distinto, miran distinto, transmiten cosas cuando hablan. Todo eso y otro tipo de detalles hacen que al final esa persona sea observada con admiración por parte de los jugadores.

En la conducción de un grupo intento hablar poco. Siempre prefiero que sean los hechos los que vayan marcando mi trayectoria y mi personalidad. Al final, es el tiempo el que va determinando tanto las acciones del director del grupo como de sus componentes.

No tiene sentido perder mucho tiempo en palabrería que no conduce a nada. Eso son cuentos y el jugador lo percibe rápidamente. Nunca me han gustado las típicas frases que buscan agradar al oído.

El jugador lo que quiere es algo concreto, que le hables de algo que le interesa, que seas capaz de llegar a él, de entrar en su mente para provocarle una reacción y una identificación que es tan necesaria para el buen funcionamiento del grupo.

Desde chico ya mostré una gran capacidad para asumir responsabilidades. Siempre era capitán de los equipos en los que jugaba. Puede que estuviera predestinado para ejercer una labor de conducción de grupos, de persona con soluciones para gestionar personas y convencerlas de la benevolencia de mis ideas.

La verdad es que mi cabeza empezó a pensar como un entrenador desde muy joven. Con 25 o 26 años ya analizaba los partidos como si yo fuera el entrenador de mi equipo. Pensaba cómo reaccionaría si tuviera que decidir el once que iniciara el partido, cómo le jugaría al equipo rival, los marcajes o los cambios que se podían hacer durante el transcurso de los encuentros. Ya en esa época sabía que cuando acabara mi carrera como futbolista seguiría ligado a este mundillo desde los banquillos.

Según veía que se acercaba mi final en los terrenos de juego yo iba hablando ya a mis compañeros como un entrenador. Y lo que es más importante: ellos admitían ese rol mío dentro del grupo. Me seguían. Yo sentía que me escuchaban y que llegaba a ellos.

Por ello, a los 31 años comencé a hacer el curso de entrenador y recuerdo que en el tramo final de mi época de futbolista convocaba reuniones con mis compañeros en el vestuario para explicarles mis conceptos.

Por supuesto, intentaba no inmiscuirme en el trabajo del entrenador. No les hablaba de tácticas. Pretendía concienciar a mis compañeros antes de los partidos, motivarles y expresarles lo más grande que estábamos vi-

viendo en ese momento. También les comentaba cómo había que resolver los asuntos que se nos planteaban dentro del grupo y que podían afectar al buen funcionamiento del equipo.

«Desde chico ya mostré una gran capacidad para asumir responsabilidades. Siempre era capitán de los equipos en los que jugaba. Puede que estuviera predestinado para ejercer una labor de conducción de grupos, de persona con soluciones para gestionar personas y convencerlas de la benevolencia de mis ideas.»

Yo asumía esa responsabilidad y ese estar expuesto ante mis compañeros. Ellos me elegían para esa faceta. Yo no lo buscaba.

Antes hablaba de mi precocidad en el liderazgo de grupos con la capitanía desde chiquito. Luego continuó porque a los 24 años era el capitán de la selección argentina. En el equipo nacional aprendí mucho de compañeros que marcaban el camino a los demás y que se erigían en los conductores del grupo.

Jugadores como Óscar Ruggeri o Diego Armando Maradona me han transmitido perfectamente muchas sensaciones y me han enseñado cómo se afronta un problema o cómo se encauza una situación en principio complicada.

Cuando yo era jugador viví experiencias en las que pensaba que el capitán, cuando había algún problema, hablaba, pero lo hacía con baja intensidad, sin contundencia. En esos momentos lo que se precisa son charlas profundas que ayuden a desatascar el problema en el que se haya podido ver afectado el grupo.

No necesita buenas palabras ni quedarse en la superficie porque entonces el problema vuelve a salir en cualquier momento. Hay que afrontarlo de cara.

A mí no me importa que el hecho de exponerme yo más que el resto por esa labor de liderazgo dentro del grupo me genere críticas. Soy de los que prefieren dar la cara, atacar los problemas y no callarme y pasar inadvertido. Incluso voy más allá. Me muevo mejor en un entorno con problemas que en otro que se caracterice por la tranquilidad.

En la vida hay que dar la cara. Uno no puede esconderse. Hay que tomar decisiones y no pensar si lo que tú haces le va a parecer bien al resto. Has de actuar en consonancia con lo que te pide el cuerpo. No huir de los problemas. Cuando uno se encuentra en una situación enquistada, la única forma de resolverla es plantándole cara y no escondiéndose.

En este sentido es muy importante la labor de seducción del grupo. Hay que cautivarlo con tus palabras, con tus hechos, para llevarlo donde tú quieres, donde crees que es conveniente situarlo. De esta manera empiezas a poner la primera piedra para conseguir posteriormente el éxito. El grupo tiene que estar contigo, tiene que creerte. Si duda de ti o desconfía, las piedras empiezan a aparecer en el camino.

No quiero decir que los jugadores deban seguirme en todo lo que hago. En absoluto. Soy partidario de dar mucha libertad para trabajar. Así se consigue que todos los miembros del grupo se potencien y que todos nos respetemos más.

Uno debe ser como lo siente, natural, espontáneo, porque es la mejor manera de llegar al equipo. Esto es muy importante. Los jugadores no deben percibir que quien se dirige a ellos actúa de forma impostada o ficticia. Deben ver que te expresas siendo tú mismo, sin dobleces, sin preparar de antemano las situaciones.

Es fundamental que los miembros del grupo vean que tengo seguridad en mí mismo. Si yo dudo, ellos no deben darse cuenta. El secreto de esa fidelidad está en transmitir al destinatario que lo que le estás diciendo es lo mejor tanto para él como para el grupo, que también se beneficia de ello.

«El grupo tiene que estar contigo, tiene que creerte. Si duda de ti o desconfía, las piedras empiezan a aparecer en el camino.»

Una de mis características es que soy muy intuitivo. Me adelanto a problemas que pueden aparecer. Veo venir los acontecimientos. Y luego también hay veces que cuando todos piensan que voy a explotar actúo de forma tranquila, aunque es cierto que en algunos momentos soy muy impulsivo y arraso con todo lo que se me pone por delante.

La fe y la convicción

Ya he contado que es fundamental que el entrenador transmita al grupo seguridad en lo que dice. El jugador nunca debe percibir dudas en aquello que se le cuenta. Si es así, el trabajo es mucho más complicado luego en el terreno de juego.

Un ejemplo de ello es lo que me ocurrió cuando estaba al frente de Estudiantes, el segundo equipo al que dirigía tras mi experiencia en Racing. Cuando únicamente quedaban dos fechas para terminar el campeonato, Boca era primero con cuatro puntos de ventaja sobre nosotros. La verdad es que era muy complicado que pudiéramos conseguir el título y desbancar a Boca porque apenas había margen para lograrlo.

Eso es lo que pensaba todo el mundo. Nadie creía que podíamos ser nosotros los campeones, pero yo ya había vivido una experiencia similar cuando jugaba en la Lazio. Es la tendencia que preside mi vida: siempre he tenido que remontar ante situaciones adversas.

Cuando quedaba una jornada estábamos a tres puntos. Seguía siendo muy difícil hacernos con el primer puesto. La única posibilidad para forzar un partido de desempate pasaba por vencer nosotros y que Boca perdiera.

«Es la tendencia que preside mi vida: siempre he tenido que remontar ante situaciones adversas.»

Los días previos al desenlace de la confrontación empecé a hacer mi labor de motivación tanto entre los jugadores como entre nuestros aficionados. Era muy importante que fuéramos una piña, que estuviéramos todos unidos para intentar por lo menos ponérselo difícil a Boca.

En la rueda de prensa anterior a nuestro encuentro ya avisé a nuestros hinchas: «El que no crea que podemos jugar la final que no venga a la cancha».

El mensaje a los aficionados ya estaba lanzado. Ahora faltaba la otra parte: los jugadores. El vestuario era consciente de lo que suponía para Estudiantes este título. Apenas hacía falta motivación, pero el hecho de que no dependiéramos de nosotros y el tener que estar pendientes de lo que hiciera Boca podía quitar algo de esperanza y de motivación a los míos.

Me dirigí al grupo y les expliqué la situación en la que estábamos. Les hice ver que al comienzo del campeonato habrían firmado llegar a la última jornada en las condiciones en las que estábamos.

Al final la fortuna nos sonrió. Boca fue derrotado y nosotros ganamos a la heroica con un gol en el minuto 42 del segundo tiempo. De esta manera conseguimos forzar el partido de desempate para dilucidar quién sería campeón. La primera parte de la gesta ya estaba hecha. Ahora quedaba poner la guinda al pastel.

El estadio de Vélez acogió el 13 de diciembre de 2006 la final entre Boca y Estudiantes. Había llegado el momento definitivo.

«En la rueda de prensa anterior a nuestro encuentro ya avisé a nuestros hinchas: "El que no crea que podemos jugar la final que no venga a la cancha".»

El partido lo afrontábamos con problemas en nuestra defensa. Boca tenía arriba gente muy rápida, como Rodrigo Palacio, y nosotros en defensa éramos un poco lentos.

Entonces empecé a fraguar mi trabajo de convicción. Mi objetivo era Alayes, un central muy bueno pero tal vez un poco lento para medirse a Palacio, que era muy rápido. Me senté con Alayes y le intenté convencer de que aunque iba a tener una misión muy complicada, era lo suficientemente listo como para imponerse en una pugna con Palacio.

Al principio, Alayes no se mostró muy entusiasmado con la idea de este marcaje. Lógico. Sabía lo que se le venía encima. «¿Yo marcar a Palacio, con lo rápido que es?» Yo era consciente de que las palabras del jugador eran coherentes. Aun así le respondí: «Flaco, te vas a anticipar, ya lo verás, tú no lo dejes girarse».

Yo no sabía dónde meterme porque en mi interior sabía que Alayes tenía razón. Palacio era mucho más rápido que él y le iba a ser muy complicado hacerle un buen marcaje. Pero yo no tenía otra opción. Él tenía que ser su marcador, no tenía otra alternativa. Incluso fallándome en el duelo tenía que seguir adelante con este planteamiento.

La experiencia resultó positiva. Alayes la rompió, hizo un partido excepcional, derrotamos a Boca por dos goles a uno y Estudiantes, mi equipo, salió campeón después de 23 años sin conseguir títulos nacionales.

Aquel día tuve que convencer a un miembro del grupo de algo de lo que ni siquiera yo estaba seguro. Afortunadamente salió bien. A pesar de que su duda era absolutamente real y totalmente lógica.

Esto demuestra que si el director técnico logra penetrar en la mente del jugador, puede mejorar de forma muy importante su rendimiento. Por supuesto, el futbolista tiene que percibir que su entrenador está completamente seguro de lo que le pide.

Siempre busco potenciar las virtudes del jugador, encontrar su mejor versión y disimular sus defectos. Hay técnicos que entrenan los defectos de los futbolistas e insisten en ellos. A mí esto no me gusta porque creo que les pone más en evidencia.

El jugador debe jugar a lo que sabe jugar y de esta forma se creerá que es mejor de lo que es. Con este pensamiento saldrá fortalecido y en consecuencia también se beneficiará el grupo. El equipo irá para arriba cuando sus miembros estén fuertes, mentalizados, conscientes de su importancia dentro de la dinámica de la plantilla.

«Aquel día tuve que convencer a un miembro del grupo de algo de lo que ni siquiera yo estaba seguro. Afortunadamente salió bien. A pesar de que su duda era absolutamente real y totalmente lógica.»

El futuro del club son los jugadores. Parece muy simple pero en muchas ocasiones no se aplica. Mi inversión, más que terminar ganando campeonatos, que es lo que todos buscamos, son los jugadores. Si logro sacar lo mejor de ellos, sé que el equipo prosperará.

Mi trabajo va encaminado a potenciar a los jugadores y en su crecimiento está la mejor expresión de mi tarea, y no en lo que digan los periódicos o las radios.

También acepto que en ocasiones mi convencimiento en el desarrollo de determinadas situaciones puede no dar el resultado deseado.

Un ejemplo de esto ocurrió en la jugada de la Europa League con el Rubin Kazan en el Calderón (febrero de 2013). Pensé que el árbitro pitaría el final del partido tras sacar el córner. Por eso le dije a nuestro arquero Asenjo que subiera a rematar, aunque nos quedara el partido de vuelta. Perdíamos uno a cero y quería viajar con un empate.

Si analizamos la jugada *a posteriori*, la decisión fue errónea. Fue pasional. Lo normal es que el partido hubiera terminado en el momento en que se rechaza el córner o con Juanfran haciendo falta al delantero que se escapaba en dirección a la portería.

«Mi trabajo va encaminado a potenciar a los jugadores y en su crecimiento está la mejor expresión de mi tarea, y no en lo que digan los periódicos o las radios.»

No fue así y nos marcaron el segundo gol con la portería vacía. Se dio el 3 % o el 5 % de posibilidades que había de que la jugada acabara así, pero no podemos olvidar que el fútbol es un juego. En esta ocasión, arriesgué y perdí.

En ese momento pensé: «Si empato a uno voy a tener más posibilidades de pasar la eliminatoria y si me hacen por casualidad el 0-2 tendré que hacer más goles en su campo». ¿Y qué hice? Apurar esa posibilidad de empatar. No podía dejar de tener esa opción. Nunca fui así. No me lo hubiera perdonado.

La mentalización

La labor del entrenador antes de cada partido es trasladar al grupo la importancia del encuentro que se va a disputar. Hay algunos que *a priori* parecen sencillos porque enfrente está un rival peor clasificado en ese momento.

En este tipo de partidos el trabajo de mentalización ha de ser más intenso para evitar que el jugador se relaje. En el momento en que haya tres o cuatro jugadores que no están metidos en el partido el grupo lo nota, y el resultado se puede ver afectado.

A diferencia de lo que la gente cree, en partidos contra equipos grandes o en finales también hace falta motivar de una manera especial al futbolista. El grupo es consciente de que afronta un evento extraordinario pero también debe recibir mensajes que mejoren su disposición y su rendimiento.

Cuando llego a una final, mis jugadores ya saben cuál va a ser mi frase de cabecera. Las finales no se juegan, se ganan. No importa cómo vas a jugar ni contra quién porque el rival no lo eliges tú. Lo que se recuerda luego con el paso de los años es quién ganó y nadie retiene en su cabeza si el juego fue lindo o no. En los libros sólo quedará marcado para la posteridad el nombre del campeón.

«A diferencia de lo que la gente cree, en partidos contra equipos grandes o en finales también hace falta motivar de una manera especial al futbolista.»

También hay que concienciar al grupo de que no es inferior al contrincante. El ejemplo más reciente lo tuvimos en el Atlético de Madrid en la final de la Supercopa europea que jugamos contra el Chelsea (agosto de 2012). Antes del encuentro todo el mundo daba como favorito al equipo inglés.

Mi labor con los jugadores era convencerles de que siempre iban a tener una posibilidad de ganar el partido, y que el otro equipo no era infalible, también se podía equivocar. Es esto lo que hay que aprovechar. Aunque haya sólo una posibilidad entre cien, hay que agarrarse a ella.

«Cuando llego a una final, mis jugadores ya saben cuál va a ser mi frase de cabecera. Las finales no se juegan, se ganan.»

El favorito puede tener un día malo en todo el año y puede ser precisamente el día que juega contigo. Y al revés, yo puedo ser inferior futbolísticamente a mi oponente pero ese día me puede salir el mejor partido de la temporada.

Y esa posibilidad la vas a tener si estás seguro y convencido de ello y si la ejecutas en tu mejor versión. Ahí te puedes llevar el encuentro.

La mentalización del grupo antes de una final no varía mucho respecto a un partido de menor trascendencia. Durante la semana sigo la misma rutina. Excepto que según se va acercando el día del partido procuro hablar lo menos posible con el grupo. ¿Por qué lo hago?

Es parte de mi estrategia dejar al jugador tranquilo el día antes de los grandes encuentros. A esas alturas de la semana y con la cercanía del partido, el futbolista ya no escucha nada.

Lo que tú le digas o los vídeos que le pongas ya no los asimila. Ya no recibe la información que tú deseas. Su cabeza está para otras cosas. Te mira y te escucha pero él quiere otra cosa.

Piensa en que quiere jugar ya, en cómo va a festejar un gol si marca, en que está ante la oportunidad de su vida, en abrazar a la familia... El ruido que tú le ofreces no le entra en la cabeza. Está cerrado a lo que le viene de fuera.

El cambio importante que sí introduzco antes de los grandes partidos es la charla nocturna en la previa del encuentro. Es cuando trato a los jugadores como si fueran mis hijos. El mejor momento para hablar a los niños es por la noche, cuando se van a acostar. Llegan a la cama tranquilos, relajados, te cuentan lo que han hecho durante el día y todo lo que han ido almacenando en su cerebro.

Con los jugadores actúo de forma parecida. El momento idóneo para dirigirme a ellos es a partir de las once de la noche. El cuerpo técnico y yo comenzamos aproximadamente a esa hora a visitar a los distintos miembros del grupo en sus habitaciones para hablar con ellos.

Durante unas dos horas charlamos con los jugadores de forma individual y les transmitimos lo que queremos de ellos. Son palabras que inciden no sólo en el aspecto profesional, sino también en el personal. Es cuando están más receptivos y cuando asimilan de forma natural todo lo que escuchan.

Así lo hicimos en el partido contra el Chelsea. Empezamos con Courtois: «Flaco, esto es lo que queremos de ti». La charla la personalizamos para cada componente de la plantilla, le decimos lo que esperamos de él y le trasladamos aspectos más directos para que se sienta importante y sea consciente de la trascendencia del evento. Hablamos de los sentimientos que nos despierta. Primero como hombre y luego como futbolista.

Es un momento de entrega mutua. El cuerpo técnico habla y el jugador te escucha. El futbolista es como un corazón abierto al que tú le suministras unas sensaciones que hacen que esté deseando que empiece el partido cuanto antes.

Tras las charlas individuales, el grupo duerme y lo que ha escuchado con atención minutos antes se le queda grabado para manifestarse en el momento de la verdad.

Por supuesto que cada jugador necesita un trato diferente. No todos son iguales y las charlas deben ser específicas para cada uno. Lo mismo pasa con el tiempo que dedicas. Con algunos serán suficientes diez minutos y con otros necesitarás el doble. Es labor del entrenador saber el tiempo que precisa cada uno.

«Con los jugadores actúo de forma parecida. El momento idóneo para dirigirme a ellos es a partir de las once de la noche. El cuerpo técnico y yo comenzamos aproximadamente a esa hora a visitar a los distintos miembros del grupo en sus habitaciones para hablar con ellos.»

A pesar de que no estudié psicología, me considero intuitivo y práctico y sé lo que debo dar y pedir a cada miembro del grupo para llegar a él con mis palabras.

La sinceridad

El grupo tiene que percibir que el entrenador va de frente. El jugador agradece que te dirijas a él con sinceridad, sin dobleces, porque de esta manera es más consciente de las cosas que le dices.

En la vida y, por supuesto, en el fútbol, no hay que dejar pasar los tiempos. Los problemas hay que afrontarlos cuando aparecen porque si no lo haces se convierten en una bola de nieve que va creciendo con el paso de los días.

Es un error extendido dejar pasar determinadas situaciones conflictivas con la confianza de que el tiempo lo solucione, y permita continuar como si nada hubiera pasado. Si actúas así, te equivocas, pierdes. Los problemas nunca se resuelven solos.

Si presencias algún mal gesto o una mala actitud por parte de algún miembro de la plantilla puedes pensar: «Lo voy a dejar pasar porque las cosas se recuperarán solas». Entonces pierdes, eso nunca pasa.

El técnico debe afrontar los problemas y atacarlos. Hablar con el jugador y explicarle el motivo por el que no va a jugar o la razón por la que el entrenador considera que una decisión es correcta y otra no.

Todo esto lo aprendí de una experiencia con un jugador de Estudiantes al que ya he mencionado anteriormente, Alayes.

Jugaba de central y en un partido lo expulsaron. Cuando cumplió la sanción volvió a jugar. Después lo echaron otra vez y al cumplir la suspensión fue titular de nuevo, y el jugador que le sustituía lo estaba haciendo muy bien. Y semanas más tarde Alayes fue expulsado por tercera vez y su sustituto volvió a cumplir de forma espectacular.

Entonces, tomé una decisión, que es lo que debe hacer una persona que gestiona grupos humanos. No debía volver a ser titular y sí lo sería el jugador que estaba ocupando su posición durante las sanciones. Le respeté la titularidad en dos ocasiones, pero cuando se produjo la tercera tomé la decisión. Una semana antes del partido ya sabía que actuaría así.

«El técnico debe afrontar los problemas y atacarlos. Hablar con el jugador y explicarle el motivo por el que no va a jugar o la razón por la que el entrenador considera que una decisión es correcta y otra no.»

Mi error fue que no hablé con Alayes y fui dejando pasar los días y los entrenamientos previos a la jornada del domingo sin explicarle que había decidido dar la titularidad a otro compañero. Posiblemente él pensaba que si yo había respetado su presencia en el once inicial las dos veces anteriores, también lo haría en esta ocasión.

Llega el día del partido y le digo al que entonces era mi ayudante, Nelson Vivas, que fuéramos a hablar con Alayes para explicarle su ausencia en el equipo.

Me dirijo a él y le comento: «Mira, flaco, no vas a poder entrar en el equipo y quiero que sepas…». No me dejó continuar. Me dijo: «Mira, Cholo, nos conocemos y ahora no es el momento para esta charla. Tenía que haber sido cuatro días atrás. Yo ya lo intuí y lo que me digas ahora no tiene sentido».

Tras estas palabras le estreché la mano, le di las gracias y le dije: «Es la mejor lección que me han dado desde que soy entrenador».

Ahora tengo con él una relación extraordinaria. Siempre fue un jugador muy competitivo y lo único que hizo fue decirme la palabra justa en el momento adecuado. Yo acepté mi error y aprendí cómo actuar en el futuro cuando se presentaran situaciones similares.

La lección es que no hay que dejar pasar el tiempo. Y que las cosas no se solucionan solas. Además, el jugador agradece que le expliques tus razones y que le hagas partícipe de tus decisiones. Me intenté aislar del enfrentamiento cuando en realidad lo que tenía que hacer era hablar con el jugador y explicarle la situación.

Alayes me dio una lección. Aprendí que es mejor ponerse rojo una vez que tener cara de tonto un montón de veces.

La formación

La formación que ha recibido un entrenador puede marcar su trayectoria. A veces existe el debate sobre quién está preparado para ser mejor entrenador: un exfutbolista o una persona que no ha jugado, pero que ha hecho los posibles cursillos y ha estudiado para ello.

En principio, es lógico pensar que el jugador que ha dejado un registro, si está avalado por una experiencia y por una buena trayectoria, tiene más posibilidades que otro que sólo ha estudiado para ser entrenador. Posee una vivencia que el que estudia no la va a tener como jugador. De todas formas, esto no quiere decir que vaya a ser mejor.

El exfutbolista tiene ventajas, pero no parte con ventaja. Si trabaja mal lo van a echar y nadie va a tener en cuenta su pasado, ni qué ha sido, ni lo que ha representado.

En mi caso, si a mí a los cuatro partidos me hubiese ido mal, ya no estaría en el banquillo del Atlético. Daría igual el peso que yo tengo como jugador en la historia del club. Los resultados se impondrían.

Tienes a favor las sensaciones de haber estado en el campo, algo que no se puede lograr en una sala con un profesor delante. Aunque eso, quiero recalcarlo, no quiere decir que el jugador vaya a ser mejor entrenador que el que se preparó para serlo.

«Al final, lo que termina atrayendo hacia ti al futbolista es la capacidad que tengas para llegar a él con tus palabras. Debes poner en marcha tu poder de convicción. Si no tienes capacidad, el convencimiento ya da igual.»

El jugador que se convierte en entrenador sabe de qué está hablando. Te pones en el lugar del futbolista para saber lo que quiere porque tú lo conoces, ya que también has estado en ese lado del fútbol. Sabes lo que el jugador necesita, lo que te pide, y no se trata sólo de una explicación práctica.

Yo aporto, además del argumento, la vivencia, y eso el oído del jugador lo recibe mucho más fácil. Seguramente el no futbolista tiene mayor capacidad de intelecto. Aunque no creo que esto o una buena oratoria sea más seductor que lo que te sale de dentro, lo que es natural.

Al final, lo que termina atrayendo hacia ti al futbolista es la capacidad que tengas para llegar a él con tus palabras. Debes poner en marcha tu poder de convicción. Si no tienes capacidad, el convencimiento ya da igual.

Con trabajo la suerte te ayuda

No estoy de acuerdo cuando oigo hablar a la gente de que hay cosas que se consiguen por haber tenido suerte. No creo mucho en la fortuna. Creo más en el trabajo, en el convencimiento, en la tozudez, en la capacidad. Con todo eso, es más fácil que la suerte te ayude más que a otras personas.

Por ejemplo, todos sabemos que los árbitros se equivocan. No hay nadie que salte a la cancha pensando que el juez va a acertar en todas sus decisiones. Es imposible.

Pero también sabemos que si juegas de mitad de cancha para arriba es más fácil que se equivoquen a tu favor. Si juegas para atrás, es menos factible que el error que cometan favorezca a tu equipo. Pero esto no es una cuestión de suerte. Hay que trabajarlo.

Lo que quiero decir es que si ataco durante 80 minutos y juego en el área del rival, el fallo del árbitro será para mí, pero eso no es suerte, porque para beneficiarte de ella tienes que atacar y estar convencido, y ser tozudo en el trabajo.

Suelo ser bastante comprensivo con la labor de los árbitros. Todos cometemos errores, somos humanos. Es muy difícil pitar. A veces nos cuesta a nosotros distinguir las infracciones en televisión con la imagen a cámara lenta y ellos tienen que decidirse en centésimas de segundo.

Todavía me parece más complicado el trabajo de los jueces de línea. Tienen que estar pendientes de cuándo sale el balón y de si el atacante está más adelantado que los defensores. Muchas veces son centímetros y ni siquiera parando la imagen en una pantalla nosotros somos capaces de descifrar si está o no en posición de fuera de juego.

Habría que buscar la manera de ayudarlos porque determinan más partidos ellos que los árbitros. Es muy difícil estar pendiente de la pelota, del pase, del jugador…

Una de las innovaciones que me ha parecido positiva ha sido la instauración del juez de gol, que se sitúa detrás de las porterías. No se limita sólo a ver si el balón traspasa o no la línea de gol. Además, ayuda al árbitro en algunas jugadas dentro del área. Esto hace que el fútbol esté mejor preparado y que pueda ganar el que mejor hace las cosas.

Recuerdo que en un partido contra el Valencia ganábamos por uno a cero y desde el banquillo vi una mano de Tiago y el línea también la observó. En cambio, el juez de gol fue el que acertó porque la mano no era de nuestro jugador, sino de Soldado. Gracias a eso, no nos pitaron penalti y la consiguiente expulsión en una jugada que podía haber cambiado el resultado del partido de forma injusta.

Al grupo también intento inculcarle que tengan el máximo respeto por la labor arbitral. Lo que ocurre es que, en ocasiones, cuando se está en la cancha a tope de revoluciones, no es fácil contenerse ante decisiones que consideras que no se ajustan a la realidad.

En el Atlético, uno de mis ayudantes, Germán Burgos, hace de árbitro en los partidillos que disputamos en los entrenamientos. Los primeros días los jugadores protestaban porque no estaban de acuerdo con las decisiones que tomaba. Una falta que no es, un penalti, una mano...

«Cuanto más trabajes, cuanta más preparación y argumentos poseas, la suerte aparecerá de manera más frecuente.»

Lo que hacemos en estos casos es parar la práctica. Nos detenemos y les decimos a los jugadores que los árbitros no tienen la culpa. Les invitamos a que se olviden de ellos y les animamos a que intenten jugar mejor, para que los posibles errores arbitrales queden difuminados por el trabajo del grupo.

Pienso que los árbitros nos quitan porque son humanos y se equivocan. Lo que pasa es que esos errores suelen repartirse entre todos durante una temporada. Por eso no tiene sentido perder el tiempo en algo que tú no puedes manejar y que lo único que va a hacer es quitarte fuerzas para otros objetivos más necesarios.

Cuanto más trabajes, cuanta más preparación y argumentos poseas, la suerte aparecerá de manera más frecuente.

Mis normas básicas

Yo me rijo por una serie de normas como el respeto, la seguridad, la convicción o el orden. Sin este último, por ejemplo, no se puede trabajar en los entrenamientos ni convivir en los hoteles.

En las concentraciones quiero que los jugadores almuercen en lo que nosotros llamamos mesas imperiales. Su diseño permite que todos los jugadores que están en la convocatoria se sienten en una sola mesa, teniendo a sus compañeros cerca, mirándose a la cara. Esto es lo importante.

En otros equipos comen en mesas de cuatro o de cinco. Se juntan según sus gustos, nacionalidades, afinidades, y nunca comparten ese momento con el resto del grupo.

Yo quiero que los problemas se afronten con naturalidad y no evitándolos, porque luego ya se sabe que es peor. En las concentraciones comen todos juntos y todos se relacionan. Todos se miran a la cara. Ese es el mensaje.

Por eso quiero que todos coman en la misma mesa, sin poder evitar la mirada de los compañeros. Queremos al equipo junto, compacto, y si eso puede contribuir a crear grupo, mejor.

Soy menos partidario de lo que algunos denominan comidas de hermanamiento. Son aquellas que se celebran cuando la situación del equipo es mala y lo que se busca con ellas es aunar esfuerzos y elevar la moral de los jugadores. Esas comidas de camaradería en restaurantes no me convencen.

Creo que todo lo que sea natural es más productivo que las cosas que se hacen forzadas. Cuando uno hace las cosas obligado siempre salen peor. Con esto pasa lo mismo. Prefiero que no se hagan.

«Yo quiero que los problemas se afronten con naturalidad y no evitándolos, porque luego ya se sabe que es peor. En las concentraciones comen todos juntos y todos se relacionan. Todos se miran a la cara. Ese es el mensaje.»

En los entrenamientos también es fundamental el orden. Me gusta que todos intervengan. Desde el cuerpo técnico hasta los utilleros. Cuanta más participación haya más involucrados están todos. Soy de los que defienden que se juega como se entrena. Y un entrenamiento es la mejor versión para que un entrenador compruebe quién quiere jugar y quién no.

El técnico lo percibe enseguida. Los cuerpos hablan. Los miras y te transmiten si están rebeldes, si están sufriendo, si están tristes, si son pasivos, si no les importa el entrenamiento. No puedes dejar de lado la actitud.

«Soy de los que defienden que se juega como se entrena. Y un entrenamiento es la mejor versión para que un entrenador compruebe quién quiere jugar y quién no.»

El entrenador necesita gente que interprete el entrenamiento, y no gente que pase por el entrenamiento. La intensidad o la pasividad que tengas es lo que te permitirá jugar de una u otra manera.

En contra de lo que hacen algunos entrenadores, yo soy bastante abierto y normalmente dejo entrar a los medios de comunicación a los entrenamientos. A veces hago excepciones. Los días previos a los partidos sí que me gusta hacer alguno a puerta cerrada para mejorar algunas cosas o ensayar jugadas. Salvo estos días concretos, soy muy transparente con el trabajo del grupo.

Creo que el periodista tiene que saber lo que hace el equipo. Así, luego tendrá una mejor base para analizar y enjuiciar nuestros partidos. No me parece correcto que un periodista haga una crónica o emita una opinión cuando desconoce el trabajo que ha llevado a cabo el equipo durante la semana. Por ello, ofrecemos toda la pretemporada abierta para que se sepa lo que buscamos. Así es más fácil que ellos expliquen lo que vieron.

2.
El corazón como guía

«Lo mejor de mí lo sacás cuando las cosas van mal.»

La pasión

Vivo el fútbol y la vida de manera intensa. Tengo una motivación espectacular cuando debo hacer una cosa. Me vuelvo loco. Me empieza a correr algo por las venas y me enciendo. Si alguien me dice que no puedo romper una pared con la cabeza se equivoca. Basta con que me lance el desafío para que me ponga a trabajar en ello.

Me focalizo en los objetivos que me plantean. Y me dedico a ello las veinticuatro horas del día. Para mí, desde ese momento no hay más asuntos. Me entra un grado de apasionamiento que me empiezo a agarrar los pelos del brazo y me entrego a muerte con mi tarea.

Y lo que los demás me digan o piensen me da igual. Lo único que cuenta es mi pasión y mi convencimiento en lo que hago.

El entonces presidente de Racing, Fernando Marín, fue el primero que vio en mí a un futuro entrenador y el que me despertó el deseo de convertirme algún día en director técnico de un equipo.

Llegó a ofrecerme hasta en tres ocasiones hacerme cargo del banquillo de Racing. Su oferta consistía en que después de acabar mi carrera como futbolista fuera el entrenador del equipo. A la tercera vez que me lo ofreció me subí al avión, sin consultar con nadie, ni con mi familia, y ya estaba entusiasmado con la idea.

Marín era el típico seductor y fue un visionario en bastantes temas. Luchó durante mucho tiempo para que yo aceptara su ofrecimiento hasta que al final lo consiguió. En mi tercera campaña en Racing como jugador y en su tercera tentativa fue contundente: «No me puedes decir que no a esta oportunidad. El club te necesita para sacarlo de esta situación».

Para mí es muy importante el cuerpo técnico que me acompaña. Somos como una familia. Procuro que siempre seamos los mismos, aunque a veces por diversas circunstancias familiares o profesionales no sea posible.

Cuando me llegó la oferta de Racing yo ya tenía en la cabeza con quién quería contar para trabajar en mi nueva etapa. Quería a Nelson Vivas, que me dijo que sí, aunque luego en mi regreso al Atlético de Madrid no ha podido seguirme y ha ocupado su puesto el «Mono» Burgos. También se lo pedí al «Profe» Ortega y lo aceptó. Un hombre trascendental en mi carrera. Lo mejor que me ha pasado como entrenador es tenerle a mi lado.

«Y lo que los demás me digan o piensen me da igual. Lo único que cuenta es mi pasión y mi convencimiento en lo que hago.»

Al principio todo el mundo me decía que estaba loco por aceptar el ofrecimiento del banquillo de Racing. El equipo estaba en una situación muy comprometida y con grandes posibilidades de descender de categoría. El pensamiento generalizado era que no lograría salvar al club y que además marcaría de forma negativa mi futuro como entrenador. En definitiva, que la arruinaría.

Lo que ocurría era que yo quería mucho a Racing. Y también pasaba algo contra lo que nadie puede luchar. Había aparecido mi pasión. En mi cabeza ya no existían más cosas que el equipo y la idea de sacarle del descenso como fuera. Aunque los demás me tildaran de loco yo ya sabía que conmigo Racing no iba a descender. Estaba totalmente convencido.

Todo ello se produjo de forma vertiginosa porque yo jugué un partido un viernes y dos días más tarde ya era el entrenador de Racing. Esta situación tuvo la ventaja de que yo conocía perfectamente a mis compañeros por haber jugado con ellos. Sabía cómo funcionaban, sus defectos, sus virtudes.

Esto que para muchos puede ser un inconveniente considero que fue positivo. Se puede pensar que el hecho de que hayan compartido vestuario contigo tan recientemente puede afectarte de forma negativa, al poder ser algunos amigos o, al contrario, compañeros con los que tu relación no fue tan buena.

En cambio, en el trayecto tan rápido de jugador a entrenador sabía que no iba a tener problemas para adaptarme al nuevo puesto, y que me comportaría con ellos como siempre, pero ahora desde el otro lado. Jugaría quien se lo mereciera y no atendería a otros condicionantes.

Sólo hay una cosa de la que me arrepiento y que no he dicho nunca. Todavía le estoy dando vueltas en la cabeza. Me pesa enormemente el no haber tenido un partido de despedida en mi Racing. Es una cuenta pendiente. Con el tiempo supongo que todo llegará.

«Todo ello se produjo de forma vertiginosa porque yo jugué un partido un viernes y dos días más tarde ya era el entrenador de Racing. Esta situación tuvo la ventaja de que yo conocía perfectamente a mis compañeros por haber jugado con ellos. Sabía cómo funcionaban, sus defectos, sus virtudes.»

La conversión de futbolista a entrenador fue tan rápida que ni siquiera tuve tiempo de explicarme a mí, como futbolista, que tenía que sentarme en el banquillo de forma tan precipitada. Pero la ocasión estaba ahí, probablemente iba a ser muy difícil que se diera de nuevo. Además, el hecho de que Racing estuviera en esa situación tan problemática me atraía todavía mucho más.

Para que el salto no fuera tan convulso, pedí que de forma paralela otro hombre del club preparara los tres siguientes partidos para que yo pudiera organizarme y reunir a mi grupo de trabajo.

Esta era la idea en principio. Sin embargo, la situación deportiva se complicó y tras el primer partido de los tres previstos que dirigió el director deportivo, Marín me rogó que me hiciera cargo del equipo antes de lo que habíamos pactado.

«Sólo hay una cosa de la que me arrepiento y que no he dicho nunca. Todavía le estoy dando vueltas en la cabeza. Me pesa enormemente el no haber tenido un partido de despedida en mi Racing. Es una cuenta pendiente. Con el tiempo supongo que todo llegará.»

Acepté y lo hice a lo grande. Debía preparar el primer envite, que era con Independiente, el clásico de Avellaneda (febrero de 2006). Un partido que es la locura, que paraliza cualquier tipo de actividad que haya en la ciudad.

Comencé con intensidad la mentalización de los muchachos y nos fuimos a un hotel en la montaña. Quería que los jugadores estuvieran aislados y que sólo pensaran en el partido. La primera experiencia conmigo en el banquillo no fue buena.

Agüero hizo un encuentro espectacular y tuvo una actuación estelar. Nos ganó Independiente por dos goles a cero y, lo que es casi peor, nuestro propio público reaccionó de forma airada. Fue tremendo. No podíamos salir de la cancha porque los adoquines volaban por todas partes.

Es evidente que mi debut como entrenador no fue el que yo había soñado. Primera derrota y contra un rival con el que nunca se puede perder. Y por si esto fuera poco, el comportamiento de la afición, que nos pedía más y que nos impedía llegar al vestuario.

En cualquier caso, esto no me hizo bajar los brazos. Yo seguía confiando en mí mismo y en el equipo. Llegó el segundo partido y las cosas no mejoraron. Fuimos derrotados por Olimpo, que estaba en una situación similar a la nuestra.

Tres a cero en un encuentro en el que hasta Capria, nuestro jugador que nunca fallaba un penalti, malogró una pena máxima. Pero las cosas todavía podían empeorar. En el tercer partido, nueva derrota con Boca por tres a cero con nuestro campo clausurado.

El comienzo de mi experiencia en los banquillos había sido aterrador. El balance de la primera semana al frente de Racing no podía ser más negativo. Ocho goles en contra y ninguno a favor. Estos números no me amedrentaron. Yo seguía fuerte en mi convicción. No pensaba dejarlo.

Por fin en el cuarto partido conmigo en el banquillo conseguimos sumar un punto. Fue en un encuentro contra Rosario Central, que también peleaba por evitar el descenso. Por fin se veía un ápice de reacción. De todas formas, la salvación seguía estando muy lejos.

El deambular del equipo no mejoraba. El siguiente partido lo empatamos. Después jugamos contra Instituto de Córdoba, último en la clasificación, y perdimos uno a cero. Nos salió un encuentro penoso en un ambiente desangelado, con la cancha casi vacía de aficionados por la lluvia que caía y el viento tan intenso que impedía dar dos pases seguidos con éxito.

La situación era bastante peor que cuando llegué. El equipo no mejoraba y cada vez quedaban menos jornadas para enderezar nuestra posición en la clasificación. Era el caos absoluto. Sólo quedaban diez jornadas para salvar al equipo del descenso.

En el ambiente sobrevolaba la idea de que yo dimitiría. Pero yo quería seguir adelante porque pensaba que podía salvar al equipo. Sabía que tarde o temprano el grupo remontaría y eludiría el descenso. El problema era que cada vez estaba más solo en la defensa de esa tesis.

Quedaban dos meses de campeonato y era consciente de que tenía que dar un puñetazo en la mesa para cambiar la tendencia que llevábamos. Hablo con la familia y le digo: «Me van a llamar loco, les diré al club y a los jugadores que nos vamos a quedar concentrados, aislados de todo, hasta que salgamos del descenso. Si son dos meses, pues los dos meses». Una cosa tengo siempre clara: si me meto, me meto hasta donde me meto.

La familia me apoya y me dice que tire hacia delante. Hablo con los muchachos y les comento: «No hay familia. No hay nada. Sólo existe Racing y hay que sacar al equipo de esta situación». Los jugadores se miraban entre ellos como si no dieran crédito a lo que estaban escuchando.

Para ellos fue una sorpresa. No se lo esperaban. Pensaban que les reunía para decirles que lo dejaba, que abandonaba el banquillo. Algunos jugadores reaccionaron bien y otros no tanto, pero eso era lógico, ya contaba con ello.

Recuerdo que empatamos el primer partido con San Lorenzo, pero el segundo lo perdimos y comenzó el malestar. Las mujeres de los futbolistas me llamaban para que acabara con la concentración y para que pudieran ver a sus parejas.

Cuando quedaban cinco partidos para terminar el campeonato empezamos a relajar algo la concentración. Luchaba por salvar la situación deportiva pero también de forma paralela caminaba la coyuntura institucional del club, que vivía inmerso en un proceso de cambio de dueños.

«En ocasiones hay que dejar de lado lo que te digan los demás. Si prestas mucha atención a las opiniones de los que te rodean puedes volverte loco. Hay que escuchar todos los puntos de vista pero luego tú debes hacer una criba y decidir lo que realmente puede resultar interesante para tu trabajo.»

Un día los nuevos propietarios se reúnen conmigo y me dicen: «Mira, Cholo, tú te portaste muy bien con el club. Entregaste tu corazón en momentos difíciles, pero hemos hecho un estudio de mercado y queremos que el próximo entrenador sea Merlo». La opción era muy buena, el «Mostaza» Merlo, era la historia de Racing.

Los nuevos dueños me ofrecieron que continuase en

el club pero como ojeador. Mi respuesta fue contundente: «Yo soy el entrenador y asumí este reto cuando era jugador jugándome todo mi futuro. Les dije a los jugadores que hasta la última fecha no me saca nadie del cargo. Si me quieren echar, me echan, pero yo no me voy porque yo con estos jugadores lo saco».

Al final, de los cinco partidos que quedaban ganamos cuatro. Empezamos a promover chicos y los aficionados no querían que nos fuéramos. Dejamos al club en un lugar extraordinario.

A los cinco días me llamó Julio Alegre, uno de los mejores dirigentes que tuve, para hacerme cargo de Estudiantes. Me decían que era demasiado joven para manejar la plantilla que había. Se repetía la misma situación. El tiempo me volvió a dar la razón: fuimos campeones.

En ocasiones hay que dejar de lado lo que te digan los demás. Si prestas mucha atención a las opiniones de los que te rodean puedes volverte loco. Hay que escuchar todos los puntos de vista pero luego tú debes hacer una criba y decidir lo que realmente puede resultar interesante para tu trabajo.

En la vida he tenido que tomar muchas decisiones que han podido derivar posteriormente en complicaciones o problemas. No puedo ir analizando todas las decisiones que tomo ni tampoco si a los demás les va a parecer bien o mal lo que hago. Siempre hay que ir en busca de lo que uno cree, ser claro y tener argumentos suficientes en los que apoyar esas decisiones.

He sido así desde chico. Posiblemente he sido toda mi vida muy tozudo, muy cerrado en mis convicciones, aunque también es cierto que con una cabeza muy abierta. Si me propongo algo, estoy siempre muy cerca de lograrlo…, por no decir que lo consigo seguro.

Los sentimientos

Me ocurre una cosa muy curiosa como entrenador que no me pasaba cuando era jugador. En mi etapa de futbolista, si marcaba un gol era explosivo. Lo celebraba con una intensidad plena. En cambio, como entrenador, cuando se producen circunstancias similares o, incluso, en victorias que han supuesto títulos, me quedo paralizado. Siento un gran vacío.

Me pasó después de ganar la Europa League (mayo de 2012) o la Supercopa europea (agosto de 2012) con el Atlético. La locura se apoderó de todo el mundo. Lo normal. Jugadores y aficionados lo festejaban con una alegría espectacular mientras yo caminaba y observaba la celebración prácticamente sin inmutarme.

La sensación que tengo en ese instante es que se me está escapando un momento extraordinario, y que para que vuelva a repetirse tal vez pasará mucho tiempo. En lugar de celebrar el éxito pienso más en lo complicado que será que vuelva a conseguirse y en el esfuerzo tan extraordinario que habrá que hacer de nuevo.

Cuando termina el partido y en el marcador electrónico del estadio aparece la palabra «campeón», el entrenador ya no participa. A partir de ese instante, los únicos protagonistas son los jugadores.

«La sensación que tengo en ese instante es que se me está escapando un momento extraordinario, y que para que vuelva a repetirse tal vez pasará mucho tiempo. En lugar de celebrar el éxito pienso más en lo complicado que será que vuelva a conseguirse y en el esfuerzo tan extraordinario que habrá que hacer de nuevo.»

Repaso momentos culminantes de mi carrera como entrenador y en todos me veo digiriendo el triunfo con una frialdad total. Por ejemplo, en la final de Estudiantes contra Boca, en el campeonato con River faltando una fecha, en el enfrentamiento del Atlético de Madrid contra el Chelsea...

Tal vez en este partido haya una excepción. Sí celebré alborozado el tercer gol porque pensé que entonces el encuentro ya se ponía claramente a nuestro favor.

La muestra más reciente estuvo en el partido de vuelta de las semifinales de la Copa del Rey que jugamos contra el Sevilla (febrero de 2013) en su cancha. Habíamos ganado dos a uno en la ida. A los pocos minutos de comenzar el partido metimos dos goles que prácticamente sentenciaban el enfrentamiento. Eran importantísimos para clasificarnos para la final. A pesar de ello, no festejé ninguno de los goles.

«Sin embargo, cuando fuimos a Neptuno a celebrar los títulos con los hinchas del Atlético sí que lo festejé. La diferencia era que el que estaba en la fuente con todo el grupo era el hombre, no el entrenador.»

Probablemente me gustaría formar parte de esa celebración explosiva, pero no me sale. Luego, cuando vuelvo en el autobús con el grupo y recuerdo las imágenes, me da bronca la situación. Compruebas que se está terminando un gran trabajo. Y sabes que para volver a llegar a esa meta vas a necesitar nuevamente un esfuerzo enorme y eres consciente de que lograr los objetivos cuesta mucho.

Como jugador, estos momentos de felicidad se viven de otra manera. Es la ocasión para abrazarte con los compañeros. Es la explosión de la lucha. El entrenador, mientras tanto, está en el otro lado, está fuera. La cancha es de los jugadores.

Sin embargo, cuando fuimos a Neptuno a celebrar los títulos con los hinchas del Atlético sí que lo festejé. La diferencia era que el que estaba en la fuente con todo el grupo era el hombre, no el entrenador.

«Buenas noches. Estamos muy felices aquí compartiendo este momento con todos ustedes. Escuchen bien. Quiero contarles por qué ganaron estos chicos el partido de ayer. Porque jugaron con el corazón de todos ustedes, y en cada milímetro, centímetro y metro del campo jugaron con el corazón del hincha del Atlético de Madrid» (parte del discurso de Simeone en la fuente de Neptuno tras ganar al Chelsea la final de la Supercopa de Europa de 2012).

Los valores

Los valores dentro del grupo son fundamentales. Sin ellos no somos nada. Te hacen ser más fuerte y más consistente. Los que yo tengo me los inculcó mi familia. También fue muy importante la escuela de Vélez a la que iba cuando era chiquito.

Estoy muy unido a mi familia. Lo que me pasa es que normalmente, al igual que mi padre, no exteriorizo mis sentimientos. Y lo lamento, sobre todo, en el caso de mi madre. Soy poco mamitis. Pero la adoro.

El día de la madre y después de ganar por siete goles a cero a Gimnasia y Esgrima cuando entrenaba a Estudiantes, la dedicatoria en la rueda de prensa fue para ella: «Gracias por tanto y perdón por tan poco».

Los valores que te transmiten desde niño es lo que te marca después en la vida, más allá de lo que puedas ser como futbolista. Cuanto mayor sea el muchacho más difícil es cambiarlo o encauzarlo por la senda debida. Por ello, cuando son muy chicos hay que educarlos ya moralmente. Incluso por encima de la enseñanza futbolística que les transmitas como entrenador. Los valores ante la vida que tú les muestres son más importantes que las lecciones prácticas sobre fútbol.

Dirijo un grupo como si fuera mi familia. Desde el sentimiento, todos forman parte de mi equipo, desde el presidente hasta el utillero. Lo más difícil es hacerles sentir a todos que son una parte importante dentro del grupo. Y que todos adopten el mismo pensamiento. Es una tarea complicada, pero si se logra es más fácil que llegue el éxito.

«Estoy muy unido a mi familia. Lo que me pasa es que normalmente, al igual que mi padre, no exteriorizo mis sentimientos. Y lo lamento, sobre todo, en el caso de mi madre. Soy poco mamitis. Pero la adoro.»

Los triunfos que estamos consiguiendo con el Atlético se producen no sólo porque el entrenador dé con la tecla necesaria, sino también porque el grupo se encolumnó* en un mismo objetivo.

En el club todos hablan de ir partido a partido. Nadie se escapa de esa máxima que yo transmití cuando

* *Encolumnarse*: palabra de origen argentino que emplea con asiduidad Simeone y que significa encuadrarse, distribuirse conforme a un esquema de organización determinado para participar en una actividad. (*Nota del editor.*)

llegué. No quiero que se establezcan retos a largo plazo. El objetivo siempre es el siguiente encuentro.

No se puede pensar en los enfrentamientos del mes siguiente o en las finales de otros torneos. Hay que ir poco a poco. Es la única manera de que al final lleguen los títulos y los éxitos.

Ahora esa máxima de que vayamos partido a partido la defienden todos. Desde el presidente hasta el utillero, pasando por el resto de dirigentes y jugadores. Todo el grupo la sigue con fidelidad. Todos piensan igual. Cuando esto se logra las cosas también pueden salir mal, por supuesto, pero al menos hemos colocado los cimientos para que terminen bien.

Se trata de un éxito grupal, porque yo puedo proponer algo, pero si no hay aceptación por parte del equipo, no vale para nada. Esto es lo que entraña mayor dificultad. El seguimiento del grupo a tus ideas.

Esa línea de fidelidad a la causa pende de un hilo muy fino. Puede cambiar de un día para otro.

Cuando yo era jugador en el Atlético ganamos muchas cosas. Nunca se me olvidará el doblete. La Liga y la Copa del Rey del 96. Pero creo que pudimos llegar más lejos con el equipo que teníamos.

Fue una época de gloria para el club. Pero cuando parecía que había los suficientes mimbres para continuar en lo más alto de los campeonatos, la cuerda se rompió. Y todos sabemos los motivos.

Esta situación se ha repetido antes de llegar yo al banquillo rojiblanco a principios de 2012. Se perdió una final de Copa del Rey contra el Sevilla y todo se rompió otra vez. Hay que tener en la cabeza que nadie es más importante que nadie, y que cuando alguien lo cree está más cerca del fracaso que del triunfo. Por eso, vuelvo a lo mismo. Todos tenemos que ir por el mismo camino.

El corazón rojiblanco

Al Atlético de Madrid lo llevo dentro. Me costó mucho abandonarlo cuando era jugador. De todas formas, yo sabía que las cosas se acaban y que algún día tenía que llegar mi despedida como futbolista del club. Pero también era consciente de que si la etapa como jugador se acababa, pronto comenzaría otra: la de sentarme en el banquillo del Calderón.

Nunca me gustó que me dieran un cargo por lo que fui. Quería llegar al Atlético por méritos propios y no porque me recordaran o me agradecieran lo que había sido como futbolista. A pesar de ello, admito que mi trayectoria en el club fue un aval para que posteriormente me contrataran como técnico.

En Europa los entrenadores empiezan con chicos jovencitos, primero de 9 años, luego de 12..., y yo ya tenía en la cabeza que quería ser entrenador.

«Como yo presagiaba, mi llegada coincidió con un momento negativo para la entidad. Asumí esa mala situación, y si he de ser sincero he de decir que me gusta llegar cuando las circunstancias son difíciles.»

Estaba claro que a mí no me iban a dar la dirección del club con rapidez. Sabía que volvería al club pero antes tenía que trabajar en otros lados para que la entidad se fijara en mí y me ofreciera el cargo. Desearían un técnico con experiencia, y eso fue lo que hice. Que yo entrenaría al Atlético de Madrid lo tenía claro, la única duda era saber cuándo.

De lo que también estaba convencido era de que mi retorno al club coincidiría con un momento de dificultad o con una situación comprometida para el equipo. Si el grupo transitaba por los torneos con estabilidad no pensarían en mí. Es la ley del fútbol.

Debía irme fuera a entrenar para que luego el Atlético de Madrid me ofreciera la posibilidad de sentarme en su banquillo. Además, los dirigentes del club seguro que valorarían mi trayectoria como jugador en el club. Y la hinchada tampoco me iba a olvidar. Con estos condicionantes y con el ruido que generara en los equipos donde estuviera, el club me ofrecería en cualquier momento la posibilidad de volver.

«Intento no pasar mucho tiempo sin verlos. Ellos vienen mucho, yo me escapo a Argentina de vez en cuando y lo que procuro es dar más calidad al momento que estoy con ellos y no fijarme en la cantidad de minutos que compartimos.»

Mi trayectoria como jugador en la entidad suponía una tarjeta de presentación que hacía que jugara con ventaja respecto a otros candidatos. La imagen que yo había dejado me abriría las puertas de par en par. Cuando llegó el Cholo entrenador todos tenían en su mente al Cholo jugador. Luego, como apoyo a esto, estaba mi trabajo en los banquillos de otros equipos.

Como yo presagiaba, mi llegada coincidió con un momento negativo para la entidad. Asumí esa mala situación, y si he de ser sincero he de decir que me gusta llegar cuando las circunstancias son difíciles.

Si hubiera habido una situación peor, con más ganas hubiera afrontado este desafío. Por ello, cuando me llamaron no lo dudé un segundo. Analicé la plantilla, vi que era un equipo con buenos jugadores y que se podía hacer un gran trabajo.

Cuando contactó el Atlético conmigo yo todavía tenía contrato con Racing. Hubo elecciones, no vi futuro y decidí renunciar. Era diciembre de 2011. Había llegado el momento que siempre deseé desde que dejé el club rojiblanco como jugador.

Lo más duro fue la charla que tuve con mi hijo pequeño, de 10 años. Le conté que me habían llamado del Atlético de Madrid y que querían que fuera su entrenador. Debía abandonar Argentina y volver a España.

Me dice: «¿En serio? ¿Y vas a jugar contra Messi y contra Ronaldo?». «¿Te gustaría que vaya?», le pregunto. Y él me dice: «Claro, además podremos ir a ver algún partido, ¿verdad?». De repente hubo un silencio. Oigo su voz y su afirmación me destroza: «Oye, pero si ganas no vas a volver más...». Ahí me mató, no supe qué decirle.

Este es uno de los inconvenientes que tiene el trabajo de entrenador. Vas de un sitio para otro y no estás asentado en ninguna parte. Todo ello lo paga la familia, que no puede seguirte siempre. Los míos están allá y los echo de menos, sobre todo a los hijos.

Intento no pasar mucho tiempo sin verlos. Ellos vienen mucho, yo me escapo a Argentina de vez en cuando y lo que procuro es dar más calidad al momento que estoy con ellos y no fijarme en la cantidad de minutos que compartimos.

3. Gestionando equipos humanos

«El esfuerzo no se negocia.»

El compromiso del grupo

Si un equipo quiere triunfar, tiene que estar comprometido con la causa. Cuando el grupo camina de la mano el éxito llega con mayor facilidad. No hay que dar motivos para que se abra alguna fisura porque entonces el equipo se resquebraja.

Lo que busco en un grupo es un compromiso en el que todos participemos. Si el trabajo colectivo está encaminado al bien del conjunto, las situaciones problemáticas se solucionan con mayor facilidad. Todos juntos podemos hacer grandes cosas, pero si hay grupitos dentro del grupo el castillo se cae.

Si el jugador está vivo y yo estoy vivo, vamos por el mismo camino. Si el jugador está vivo y yo tonto, entonces ya no vamos por el mismo camino. Por lo tanto, o los dos vivos o los dos tontos.

«Los miembros del grupo que se quedan en el banquillo o en la grada son tan importantes como los que salen a la cancha. Los campeonatos no se ganan sólo con once jugadores. Los gana el equipo al completo. Si no está fuerte y cohesionado no se consigue la victoria.»

Los componentes del grupo deben respetarse y deben entender las peculiaridades de cada uno. Un equipo lo componen habitualmente más de veinte jugadores. Cada uno, de una manera de ser y distinto en sus reacciones ante hechos parecidos.

El entrenador debe intervenir cuando observa que un jugador se sale de la línea que él marca. Si esto ocurre, debe hablar con ese miembro del grupo para hacerle ver que ese no es el camino y que debe volver a la senda por la que transita el resto.

Labor del técnico es trasladar a los miembros del grupo que todos son importantes para conseguir el objetivo anhelado. Los partidos comienzan a jugarlos once y luego pueden incorporarse otros tres más. Quedan alrededor de diez jugadores que no participan y que siempre estarán más descontentos que los que cuentan para jugar el partido.

Los miembros del grupo que se quedan en el banquillo o en la grada son tan importantes como los que salen a la cancha. Los campeonatos no se ganan sólo con once jugadores. Los gana el equipo al completo. Si no está fuerte y cohesionado no se consigue la victoria.

Esta fortaleza de la que hablo dentro del grupo no significa que todos sus componentes estén contentos. También hay que aceptar que no todos tienen que ser amigos entre sí, aunque sí deben caminar juntos, independientemente de la relación personal más o menos estrecha que puedan tener.

Cuando el equipo está fuerte y todos sus miembros piensan en la misma dirección y en el mismo objetivo, el grupo se encuentra mucho más fácil y las victorias están bastante más cerca.

Es lógico que el jugador que no entra habitualmente en el equipo esté molesto. Voy más allá. A mí no me gustaría que estén contentos los que no juegan.

En cualquier caso, la actitud de estos jugadores debe ser positiva. Los que tienen mala cara porque el entrenador no cuenta con ellos han de trabajar para hacerle cambiar de opinión al técnico. Para empezar, lo que han de valorar no son los partidos que disputan, sino los minutos que juegan.

En el contrato que firman los futbolistas no consta que les paguen por partido jugado. Les pagan por pertenecer al club, jueguen o no. Y el equipo vive de los minutos que pueda aportar cada componente del grupo.

Cada jugador debe responder a esos minutos que le dé el entrenador. En la medida en que esos momentos en los que esté en el terreno de juego sean mejores, más tiempo estará en los siguientes partidos.

A la hora de confeccionar el equipo titular busco siempre lo que me pide el equipo. No todos los partidos son iguales. En la cabeza tengo la idea de que el grupo fortalezca una identidad de juego en la que se piense como equipo.

Todos los individuos deben pensar que nadie es más importante que el grupo. Ni siquiera el crack del equipo puede pensar eso. El número uno también necesita del equipo para desarrollar su juego y para seguir siendo el mejor.

«Es lógico que el jugador que no entra habitualmente en el equipo esté molesto. Voy más allá. A mí no me gustaría que estén contentos los que no juegan.»

Por ello insisto en que todos los jugadores son importantes. La temporada es larga y al final todos van a tener minutos, unos más que otros, pero tan importante es el que juega la mayoría de ellos como el que sale esporádicamente. El equipo se nutre de todos ellos.

En el Atlético tenemos a jugadores como Pulido o Cisma que no disfrutan de los minutos que se merecen, pero al verlos entrenar se siente una satisfacción interna tremenda. Saben que lo tienen difícil para jugar. Están «Cata» Díaz, Miranda, Godín, Filipe…, pero siguen preparándose al máximo. Estoy convencido de que la próxima temporada lo harán bien en el equipo en el que estén.

Nosotros trabajamos con todos los jugadores de la plantilla por igual, sin distinciones. No prestamos más atención a los habituales, ni tampoco dedicamos un trato especial a los que juegan menos. A estos lo que sí les transmitimos es que también les necesitamos y les damos toda la fuerza para que sean competitivos.

«Todos los individuos deben pensar que nadie es más importante que el grupo. Ni siquiera el crack del equipo puede pensar eso. El número uno también necesita del equipo para desarrollar su juego y para seguir siendo el mejor.»

Me enojo cuando oigo que hay que estar más cerca de los futbolistas que no juegan. No estoy de acuerdo con esta teoría. Les convertimos en víctimas y no lo son. Hay que comportarse con total normalidad con cualquier miembro de la plantilla, juegue o no.

El jugador es inteligente, no es tonto, y recela si estás muy encima de él. A mí no me gustaría que mi entrenador me dedicara más tiempo si no jugara. Yo le diría: «Quiero que me trates como un tipo normal y que cuando me quieras utilizar lo hagas».

El técnico tiene que mantener en tensión y motivados a los jugadores no habituales. Debe trasladarles que su participación, aunque sea menor que la de otros compañeros, es tan importante como la de ellos. Los campeonatos los gana el grupo al completo, no algunas individualidades.

Otro de los aspectos que tiene que manejar el técnico es el convencer a los que gozan de pocos partidos de que se queden en el club y que no prefieran irse a otro equipo que posiblemente les ofrezca un mayor protagonismo y más continuidad en los partidos.

Esta tentación es lógica. El jugador se quiere sentir más trascendente, quiere jugar y no conformarse con disputar unos pocos minutos de vez en cuando.

«Me enojo cuando oigo que hay que estar más cerca de los futbolistas que no juegan. No estoy de acuerdo con esta teoría. Les convertimos en víctimas y no lo son. Hay que comportarse con total normalidad con cualquier miembro de la plantilla, juegue o no.»

Para estos casos siempre obro de la misma forma. Les digo a estos futbolistas que para ganar títulos tienen que estar en un equipo grande, y que si optan por marcharse a equipos de inferior nivel, jugarán más partidos pero también les costará más obtener campeonatos.

A este respecto, me dirijo al jugador y le pregunto: «¿Cuál sería tu mejor temporada, aquella en la que jugaste todos los partidos y tu equipo quedó mal clasificado, o aquella en la que de 38 jornadas jugaste 20, hiciste ocho goles y el equipo salió campeón?». Nunca falla, el jugador siempre responde esta última opción.

En cualquier caso, por mucho trabajo de convencimiento que haga el entrenador, si el jugador no pone de su parte, la situación no se solventa tan fácilmente. Yo inculco a los jugadores que para estar en un gran equipo deben tener cabeza de un gran equipo.

Lo que quiero decir con esto es que los futbolistas tienen que estar preparados para competir con intensidad con otros compañeros que son tan buenos o mejores que ellos. Alguno no lo aguanta y prefiere irse a otro equipo de menor categoría en el que resulta más cómodo competir porque sus compañeros son peores que él.

Lo fácil es esto y lo difícil es competir al máximo con gente que te lo pone complicado para que tú puedas estar cada domingo en el once inicial. Esa competencia es lo que hace que el grupo mejore y que lleguen los resultados.

La otra opción es muy respetable, pero el jugador que prefiere acomodarse y estar en un equipo pequeño en el que tenga más peso mirará las finales por televisión.

Si yo entreno a un equipo grande y quiero ganar algo, he de tener buenos jugadores y aceptar que habrá futbolistas de una gran calidad que deseen tener una mayor participación en el equipo.

Otro de los argumentos que empleo para retener a aquellos jugadores que prefieren emigrar a otros equipos es exponerles que, si bien jugarían más minutos, también es cierto que en un club grande ganan más dinero y tienen más prestigio. Además, están en un escaparate ideal para ser reconocidos y valorados.

«Esa competencia es lo que hace que el grupo mejore y que lleguen los resultados.»

En el grupo me gusta que haya jugadores que puntúan con un seis o con un siete, que no son siempre titulares, que entran y salen del equipo. Son jugadores que cumplen y que realizan un trabajo para el equipo tan importante como los que son indiscutibles. Estos se benefician enormemente de la labor de ellos.

Si quieres salir campeón necesitas este tipo de jugadores más de lo que puedes creer. Lo que hacen es potenciar a los titulares y advertirles de que si tienen algún bajón en su juego están ellos para arrebatarles la titularidad.

Al final es el grupo el que se beneficia de esta competencia, porque cada jugador trabaja al máximo, lo da todo, sabe que si falla hay otro compañero dispuesto a hacerse con su puesto durante todo el tiempo posible.

Este tipo de competencia lo viví muy de cerca de jugador cuando llegué a la Lazio. La plantilla era espectacular. Estaban Boksic, Inzaghi, Ravanelli, Nedved, Almeyda, Verón, Nesta, Mihajlovic...

Daba igual quién jugara porque la calidad de aquel grupo era espectacular. Todos éramos conscientes de que si eras titular también había otro compañero apretando para ocupar tu lugar. Como dije antes, el beneficiado fue el grupo, y así conseguimos el segundo título de Liga en la historia del club, una Copa, una Supercopa italiana y otra europea en la temporada 1999-2000, con Sven-Göran Eriksson como entrenador.

La competencia hizo mejor al grupo y llegaron los títulos. Yo como entrenador quiero jugar para ganar y quiero jugadores que piensen en ganar. No deseo futbolistas que prefieren estar en equipos menores para tener más protagonismo.

Los que están conmigo deben saber competir y saber que el puesto no está garantizado. Hay que ganárselo día a día, y quien se duerme pierde su sitio.

Entiendo que a cierta edad el jugador prefiera irse a equipos menores para jugar más. Lo comprendo cuando necesitas emerger, cuando eres joven, pero no con 25 o 26 años, porque a esa edad lo que debes pretender es estar en un gran equipo para ganar títulos, y para eso tienes que saber competir.

«La competencia hizo mejor al grupo y llegaron los títulos. Yo como entrenador quiero jugar para ganar y quiero jugadores que piensen en ganar. No deseo futbolistas que prefieren estar en equipos menores para tener más protagonismo.»

Intento generar esa competencia desde los detalles más simples. Con juegos como ver quién llega antes a la ducha, quién elige la mesa más rápido. Con estos pequeños detalles el jugador se va haciendo más competitivo y estas situaciones anecdóticas las traslada luego a la cancha.

Este tipo de motivación y de convencimiento para que los jugadores no se vayan de los equipos punteros vale también para equipos menores porque siempre habrá clubes peores. Es lo que me pasó cuando entrené al Catania.

También tuve futbolistas que querían jugar más y que si se hubieran ido a equipos peores se habrían equivocado. Siempre es preferible estar en un equipo superior aunque disputes menos partidos.

En Catania viví el fútbol desde otra perspectiva. El inicio fue difícil y necesitaba que el recambio del titular tuviera una calidad similar y que no se fuera. Si en su lugar venía otro jugador peor, estábamos más cerca de descender. Los objetivos son distintos en función de la calidad de los equipos, pero el mensaje es el mismo: la competencia entre los jugadores es fundamental.

La gestión del grupo

Un ejemplo de buena gestión de una plantilla lo tenemos en el exentrenador del Barcelona Pep Guardiola. Fue capaz de armar un grupo e inculcó a sus componentes la necesidad de ganar y, sobre todo, de seguir ganando, que es lo más difícil.

A partir de ahí, fue capaz de construir una identidad en el juego que hizo que su equipo fuera, posiblemente, el mejor que veremos en nuestra vida.

Es evidente que el talento y también el presupuesto del club han permitido que el éxito se mantenga más tiempo. Si la entidad dispone de menos dinero es más complicado mantener ese grupo. Los jugadores desean irse a otros lugares en busca de mejores contratos y de nuevas aventuras futbolísticas.

«Pep Guardiola [...] fue capaz de construir una identidad en el juego que hizo que su equipo fuera, posiblemente, el mejor que veremos en nuestra vida.»

Pero el mérito de Guardiola ha sido que el éxito no llegó a confundir al grupo. El triunfo a veces te coloca más cerca de poder equivocarte. Del fracaso es mucho más fácil salir. Juntas al equipo para eludir un mal momento y haces piña entre todos los miembros. El problema es no equivocarse en el éxito.

Esa continuidad de los buenos momentos depende, en gran medida, del club. La entidad es la encargada de intentar mejorar la plantilla con la adquisición de buenos jugadores. De esa forma, el grupo crece futbolísticamente y fomenta la competencia entre sus miembros, algo que va a favor del equipo.

«Pero el mérito de Guardiola ha sido que el éxito no llegó a confundir al grupo. El triunfo a veces te coloca más cerca de poder equivocarte. Del fracaso es mucho más fácil salir. Juntas al equipo para eludir un mal momento y haces piña entre todos los miembros. El problema es no equivocarse en el éxito.»

El club es el responsable de promover la competencia interna de la plantilla. Esto no depende del entrenador. La entidad debe fichar buenos jugadores para que exista más competencia entre los miembros del grupo.

Los jugadores crecen futbolísticamente cuando observan que hay un compañero que lo está haciendo bien en su mismo puesto. Y si no lo hacen, ellos mismos son los que optan por irse. El que no está preparado para competir debe irse a otro equipo. Y en la mayoría de los casos lo hace voluntariamente.

La plantilla de esta temporada (2012-2013) en el Atlético es más competitiva que la de la anterior. Posiblemente la de la campaña pasada tuviera más calidad, sobre todo porque teníamos a Diego Ribas. Pero hoy somos más competitivos porque los jugadores mejoraron. Vinieron futbolistas que han hecho crecer al grupo, como Raúl García, «Cebolla» Rodríguez o Diego Costa.

«Y conocían mi pensamiento: el que no compite se va solo.»

En la pretemporada ya veía que este equipo no tenía techo. Era imposible detener un entrenamiento por las ganas y la motivación que derrochaban los jugadores. Sabían que debían competir para jugar y que tenían que demostrar al entrenador su calidad por encima de la de otro compañero. Y conocían mi pensamiento: el que no compite se va solo.

Las dos caras de la competencia las viví como jugador en el Atlético y en el Inter de Milán. En el primer caso los partidos nos los repartíamos prácticamente entre 12 o 13 compañeros. Sin embargo, cuando llegué al equipo italiano observé que, si no me empleaba al máximo, no podría ser titular. Entonces pensé que si quería permanecer en un equipo grande tenía que estar preparado para competir y hacer así más grande al club.

Posteriormente en la Lazio me pasó lo mismo. Había una plantilla espectacular. Daba igual quién jugara, porque todos eran muy buenos.

En estos casos en los que la calidad del equipo es tan grande, el entrenador debe transmitir a los jugadores que lo importante no son los partidos que disputen, sino los minutos. Al final es el propio grupo el que potencia la individualidad.

En el Atlético he tenido jugadores que protestan porque no juegan, que son rebeldes, que discuten y que te hacen ver los motivos de su malestar. Por ejemplo, me preguntan lo que tienen que hacer para mejorar o qué es lo que quiero que tenga un jugador que trabaja en su zona de la cancha.

Estos tipos son buenísimos. Son los que yo quiero tener en mi grupo. Te despiertan una inquietud de la que el equipo sale beneficiado. No tengo problemas en discutir con los jugadores. Eso sí, luego el que habla es el campo. Yo ni pongo ni quito. La cancha es la que decide.

En Estudiantes los triunfos los conseguimos con muchachos jóvenes que empujaban desde fuera a los titulares. Los preparábamos para que estuvieran dispuestos para jugar cuando el equipo los necesitara.

Un ejemplo de ese año fue el «Chino» Benítez, un chico zurdo con un talento extraordinario. Apenas jugaba y se quería ir, pero yo no quería traspasarlo. Hablé con él y le convencí de que se entrenara pensando en que podía ser importante para el equipo.

«Estos tipos son buenísimos. Son los que yo quiero tener en mi grupo. Te despiertan una inquietud de la que el equipo sale beneficiado. No tengo problemas en discutir con los jugadores. Eso sí, luego el que habla es el campo. Yo ni pongo ni quito. La cancha es la que decide.»

A falta de ocho fechas para la conclusión del campeonato fue un jugador determinante para el título. Enlazó actuaciones sensacionales en el tramo final del torneo, frente a los primeros partidos en los que casi no participó.

Tengo claro que no tengo compromiso con nadie. Sólo lo tengo con ganar. Por eso intento convencer a todo el grupo de que en algún momento de la temporada se pueden sentir importantes.

Mantenerse en el equipo titular no depende del entrenador. Si un futbolista juega doce partidos muy bien no tiene asegurado el puesto, porque probablemente también hay otro compañero que está empujando para ocupar su puesto. Y si le cambio alguna vez es para despertarle y que no se acomode.

«Tengo claro que no tengo compromiso con nadie. Sólo lo tengo con ganar. Por eso intento convencer a todo el grupo de que en algún momento de la temporada se pueden sentir importantes.»

El futbolista no debe pensar que si le pongo en el equipo titular le quiero más que si no lo incluyo.

Esta temporada un jugador del Atlético de Madrid estaba enojado porque no jugaba lo que él consideraba que debía hacerlo. Antes de un partido, le llamé y le dije que iba a jugar. Era consciente de que había estado enfadado por no jugar. Sólo le advertí: «Para mí hoy no eres más importante porque vas a jugar. Siempre lo fuiste».

Quería hacerle notar que él se creía más importante por el hecho de jugar, pero que en mi opinión tenía el mismo valor que antes. La única diferencia es que en esta ocasión decidí que jugara.

Los futbolistas estudian a los entrenadores del mismo modo que nosotros hacemos con ellos. Si observan que no eres consecuente con lo que les has ido transmitiendo con anterioridad, no te perdonan. Debes ser sincero con ellos. Si no lo eres, aunque la relación haya sido excepcional, dejan de creer en ti. Por eso, hay que tratar de equivocarse lo menos posible en la relación.

Cuando era jugador siempre pensé que lo determinante en mi trayectoria no era el entrenador, sino yo. Puede que al técnico le guste más otro compañero que maneja bien las dos piernas o que se desmarca mejor. Entonces, lo que yo tengo que hacer es intentar mejorar para darle lo mejor de mí mismo.

«Esta temporada un jugador del Atlético de Madrid estaba enojado porque no jugaba lo que él consideraba que debía hacerlo. Antes de un partido, le llamé y le dije que iba a jugar. Era consciente de que había estado enfadado por no jugar. Sólo le advertí: "Para mí hoy no eres más importante porque vas a jugar. Siempre lo fuiste".»

El futbolista debe sentirse más importante que los entrenadores porque estos cambian con más frecuencia de equipo.

En mi segunda etapa como jugador en el Atlético de Madrid, con 33 años, tuve un técnico que no contaba conmigo. Sin embargo, con mis compañeros siempre fui el mismo. Los futbolistas deben saber que en función de cómo se comporten ante las decisiones del entrenador, su liderazgo en el grupo se irá incrementando. El líder puede que no juegue, pero eso no es óbice para que no siga ostentando el liderazgo dentro del grupo.

Si actúa de otra manera se equivoca, porque sus compañeros no tienen la culpa. Además, puede quebrantar el grupo. Y eso sí que es imperdonable. El grupo es sagrado. No se toca.

El vestuario

El vestuario necesita que su entrenador tenga equilibrio. El técnico no puede sucumbir al éxtasis cuando gana y llenarse de amargura cuando pierde. El grupo debe recibir una imagen de sensatez y de que su guía reacciona de forma coherente ante las diversas situaciones que se le presentan.

El equilibrio te hace mantener una línea. Al grupo hay que trasladarle la sensación de que ni son los me-

A los dos años de edad
en la casa donde nació en Palermo, Buenos Aires.

Clase de segundo grado en el Colegio San Francisco Javier,
a los 7 años. Diego es el primero por la izquierda
de la fila del centro.

A los 10 años preparándose para dirigir
la Orquesta del Colegio San Francisco Javier.

Toda una premonición, a los 10 años, batuta en mano, ya dirigía equipos humanos, en este caso la Orquesta del Colegio San Francisco Javier en Buenos Aires.

Con 12 años en las categorías inferiores del Club Atlético Vélez Sarsfield, categoría Pre-Novena. Simeone es el quinto de pie empezando por la izquierda.

Con 14 años, también en las categorías inferiores de Vélez, octava categoría. Nuestro protagonista es el del centro.

Con la selección argentina en 1987, a los 17 años.

Con la Copa del Rey ganada con el Atlético de Madrid en 1996,
el año del doblete.

jores cuando ganan diez partidos seguidos, ni son los peores cuando están varias semanas sin sumar puntos.

Mi reciente renovación con el Atlético por cuatro años es un éxito del club porque supone seguir construyendo lo que venimos trabajando desde que llegué, y además nos genera el equilibrio a partir del que las instituciones crecen. Lo más difícil es mantener el equilibrio en el éxito.

Por mi parte, el grupo nunca recibirá críticas si hay entrega y compromiso con el club. Si observo que los jugadores se identifican con lo que trabajamos, yo los defenderé hasta el final.

Cuando entrenaba a Estudiantes jugamos un partido contra Nueva Chicago. Íbamos ganando 2-0 y estábamos más cerca de nuestro quinto gol que de que nos marcaran ellos. Sin embargo, lo hicieron, y al final lo pasamos muy mal porque estuvieron a punto de empatar en varias jugadas. Entré al vestuario como si hubiéramos perdido.

Mi reacción no fue una consecuencia del resultado porque habíamos ganado. Era fruto de lo que el equipo me había ofrecido. Cerré la puerta del vestuario y eché de allí a toda la gente que no debía estar presente en esa charla.

Tuve una conversación muy dura con el grupo sobre lo que sentía en ese momento. Un partido que debíamos haber ganado con claridad y que al final se nos complicó por una actitud del grupo que no me había gustado.

Mi queja viene cuando veo que algún jugador no da todo lo que tiene que dar y se guarda algo. Les fui diciendo lo que me salía en ese momento. Todo fue espontáneo.

Conociéndome, es mejor que lo que los jugadores reciban sea así. Natural, que vayan oyendo lo que me empieza a fluir en mi cabeza. Sin cortapisas. Si los mensajes están preparados o estudiados, el entendimiento y la comprensión de los jugadores es bastante menor.

No me importa cómo reciban la información en ese momento. Lo que quiero es que reciban lo que siento. Que les llegue a su mente para que la próxima vez pongan más de su parte con el fin de no caer en los mismos errores.

Otro caso parecido aunque con peores consecuencias me ocurrió cuando entrenaba a River. Íbamos los primeros en la Liga y estábamos haciendo una Copa Libertadores muy buena. En esta competición nos tocó medirnos en una eliminatoria contra San Lorenzo de Almagro.

En el partido de ida jugado en su cancha perdimos por dos goles a uno. Llega el encuentro de vuelta en el Monumental y nos ponemos 2-0. Las cosas iban muy bien. Además, el árbitro expulsó a dos jugadores de San Lorenzo. Estábamos 2-0 y jugando 11 contra 9. Al final, nos empataron a dos goles. Caímos eliminados. Nunca se nos debió escapar este partido.

«El hecho de haber estado en el otro lado de la trinchera me ayuda. Sé lo que pasa por la cabeza de un jugador tras una derrota. Conozco los tiempos que debo manejar para dirigirme a un grupo. Lo que hay que hacer es encontrar el momento justo para ello.»

No supimos leer lo que necesitábamos en ese momento, cuando en una situación privilegiada ganábamos por dos goles y teníamos dos jugadores más en la cancha que nuestro adversario.

Llegué al vestuario y no dije nada. Nos fuimos concentrados y al día siguiente reuní a los jugadores para hablar con ellos. Les expresé lo que yo sentía en esos momentos. Para mí lo peor era que yo dirigía a ese grupo. Era su entrenador y el principal responsable de esa situación. Así se lo dije.

Una vez eliminados de la Libertadores les comenté que lo único que nos quedaba era ser campeones de Liga. Quedaban cinco fechas. Lo logramos.

Después de la eliminación ante San Lorenzo el vestuario estaba hundido. Por eso, no consideré oportuno expresar mis sentimientos en ese momento. Preferí esperar a que pasaran unas horas para tener la charla correspondiente.

Hay veces en que no es fácil saber si es positivo hablar con los jugadores después de algo que ha pasado en la cancha. Yo tengo mis indicadores al respecto. El cuerpo te lo pide, la mente te lo dice, el sentimiento te empuja... Sin embargo, hay otros momentos en que las sensaciones te reclaman silencio y esperar.

El hecho de haber estado en el otro lado de la trinchera me ayuda. Sé lo que pasa por la cabeza de un jugador tras una derrota. Conozco los tiempos que debo manejar para dirigirme a un grupo. Lo que hay que hacer es encontrar el momento justo para ello.

El equipo

Hay tres puestos clave: el arquero, los centrales y los mediocampistas. Los delanteros también lo son, pero, desde mi punto de vista, en menor medida.

Yo quiero un portero que trabaje para no recibir goles y no para gustarse a sí mismo. No me gustan los guardametas que vuelan adornándose para detener los balones y que buscan el lucimiento personal cuando no es necesario. Lo normal, a la larga, es que este tipo de arqueros cometa errores. Anteponen su actuación a la del equipo. Se olvidan del grupo. Ese no es el camino.

De los centrales, el espejo en el que hay que mirarse es Franco Baresi. Hoy todos quieren salir con la pelota jugada desde atrás y no todos pueden hacerlo. Hay equipos que no tienen una salida limpia de balón y ponen en evidencia más sus defectos que sus virtudes. Además, a Baresi también le he visto tirarla fuera cuando un delantero le dificultaba la jugada.

En la jerarquía también está el saber y el entender el juego. Hay momentos en los que no es conveniente arriesgar. Lo que puedes ganar con una jugada comprometida es inferior a las consecuencias que puede acarrear un error en esa zona de la cancha.

En cuanto a los centrocampistas, el ejemplo es el jugador del Barcelona Sergio Busquets. Es un gran medio. Un genio. Juega el partido que necesita el equipo, pero, al mismo tiempo, el equipo le hace un gran jugador, con esa capacidad que tiene para no gustarse.

No destaco como un puesto tan trascendental el de delantero porque está en un sitio en el que lo que hace supone un menor riesgo para el equipo. Aunque es evidente que el conjunto que tiene un goleador de categoría tiene mucho terreno ganado para conseguir triunfos.

Defiendo a los futbolistas que juegan al fútbol, no a los que juegan a la pelota. Es distinto. A la pelota juegan los amigos cuando se juntan para pasar el rato y echar una pachanga. El aficionado juega a la pelota, no al fútbol.

«En cuanto a los centrocampistas, el ejemplo es el jugador del Barcelona Sergio Busquets. Es un gran medio. Un genio. Juega el partido que necesita el equipo, pero, al mismo tiempo, el equipo le hace un gran jugador, con esa capacidad que tiene para no gustarse.»

Todos hemos conocido gente que jugaba muy bien, que gambeteaban,* habría un millón, pero que pudieran jugar al fútbol seguro que había pocos. Esa es la diferencia entre un profesional y un aficionado.

El hincha lo que quiere ver es algo lindo. Observar en la cancha una gambeta, algo que le llene el ojo, que

* *Gambetear*: significa regatear en Argentina y otros países de la zona. (*Nota del editor.*)

le entusiasme la vista. Sin embargo, el aficionado más inteligente es aquel que no se obsesiona con que su equipo juegue bien, sino que quiere ganar. Aunque si juegas bien será más fácil obtener la victoria, eso es evidente.

Ganar conduce a ganar

El fútbol es un estado de ánimo. Si estás bien anímicamente porque has ganado, empiezas mejor el siguiente partido. Por eso siempre digo que ganar conduce a ganar. Le damos mucha importancia al partido que jugamos, no sólo por el encuentro en sí, sino también porque tiene mucha influencia en el partido siguiente.

Las victorias, aunque sean en partidos intrascendentes, inyectan moral y confianza al grupo para los siguientes encuentros que puedan ser más importantes. Como jugador, tienes que interpretar que no hay otro partido más que el que estás jugando, que el encuentro se acaba ahí. Esos son los futbolistas que mejor juegan. Hay que darlo todo en cualquier encuentro. No hay partidos clase A y clase B. Todos son importantes.

También tengo una opinión particular sobre el control de los partidos. Por ejemplo, yo puedo manejar el encuentro y no tener la pelota. En el encuentro que comentaba antes, el Rubin controló el partido, no tuvo el balón y ganó 2-0.

Yo creo que un partido de fútbol lo manejas en función de cómo te plantas en el campo, de cómo estás mentalmente, de cuántos jugadores tienes que pueden tomar la iniciativa, de la confianza del equipo. Todo eso influye para que el dueño de la situación sea tu equipo.

Con ese fin, hay que intentar transmitir a los jugadores la forma en que concibes el partido. Ahí el entrenador tiene una labor muy importante. Yo soy muy cabezota y no me detengo hasta que compruebo que el futbolista ha captado lo que quiero de él.

Le pido que intente escuchar porque lo mejor que le puede pasar a una persona es ser abierta y escuchar. Después puede quedarse con lo que él estime que es lo importante. Lo que no debe hacer es cerrarse a una idea o a una opinión y no admitir otras posibilidades distintas a las que él contempla.

Nadie tiene la receta mágica para ganar. Hay muchos caminos para conseguir la victoria. Y todos son lícitos. Se puede vencer jugando mal, teniendo la pelota ocho minutos o siendo defensivo. El triunfo puede venir por muchos lados. Lo que hay que hacer es acertar en cada momento con lo adecuado.

La idiosincrasia del club

El entrenador que llega a un club debe interesarse por la historia de la entidad. Debe respetar lo que ha sido tradicionalmente y a partir de esas señas de identidad construir su proyecto. No puede ir en contra de la historia, ni de sus raíces. Las características que han forjado su trayectoria son sagradas.

En el Atlético de Madrid yo tenía la ventaja de haber sido jugador y de saber lo que le gusta a la gente. Lo dije el primer día. Yo quiero llevar al Atlético al lugar y a la forma de jugar que ha tenido en su historia.

Eso significaba una cosa evidente. Quería un equipo contragolpeador, aguerrido en defensa, competitivo y que fuera muy complicado ganarle. Quería que la gente se sintiera identificada con la historia del Atlético.

Esas máximas las tracé ya el día en el que me incorporé al club. Mi objetivo era lograr que el hincha que fuera a la cancha dijera: esto es el Atlético de Madrid. Somos felices si logramos que la gente que va al campo se vea reflejada en los jugadores. Que haya una comunión perfecta entre el aficionado y el futbolista.

Otra cosa importante. El Atlético siempre ha tenido cracks y los hinchas quieren que siga siendo así. Como entrenador he tenido a varios, Verón es un ejemplo. El de ahora está claro que es Falcao. Es el ídolo de la afición rojiblanca y tiene una identificación plena con él.

«Somos felices si logramos que la gente que va al campo se vea reflejada en los jugadores. Que haya una comunión perfecta entre el aficionado y el futbolista.»

Algunos entrenadores piensan que hay que tener mucho cuidado con este tipo de jugadores. Saben que su ascendencia sobre el grupo es total y en ocasiones temen una mala influencia sobre la marcha del equipo.

Desde mi experiencia, puedo decir que el crack es el que menos problemas trae porque sabe manejar todo. El que es crack es crack para todo. Siempre ofrece soluciones y nunca causa problemas.

Los cracks saben elegir y son inteligentes. Saben leer los partidos más rápido que los demás. Quieren ganar y necesitan ganar para seguir siendo los mejores. Son conscientes de que necesitan del grupo y guían a sus compañeros. Se trata de una alimentación mutua y en la medida en que esa interrelación sea positiva el grupo se beneficiará de ella.

Lo que sí hay que diferenciar es al crack del presunto crack. Estos sí son más difíciles. Son jugadores que piensan que son mejores de lo que son. Creen que aportan más al grupo de lo que en realidad lo hacen. El técnico debe trabajar mucho con ellos para enseñarles el camino adecuado.

Ese camino lo marca el cuerpo técnico. Se encarga de marcar la trayectoria por la que debe transitar el grupo. El trabajo no es sólo del cuerpo técnico. Los jugadores son los que gestionan el recorrido de esa senda trazada por el entrenador.

«Desde mi experiencia, puedo decir que el crack es el que menos problemas trae porque sabe manejar todo. El que es crack es crack para todo. Siempre ofrece soluciones y nunca causa problemas.»

El grupo ha de ser consciente de lo que debe seguir y cómo hacerlo. Y el que se sale del camino ya sabe lo que le puede pasar.

Lo que pretende un entrenador es que el grupo junte todas sus fuerzas. Que los aficionados, los dirigentes, los jugadores y el cuerpo técnico vayan de la mano y unidos. Si esas cuatro patas están firmes, el club está fuerte. Es algo simple pero que no siempre es fácil conseguir.

La intervención desde el banquillo

El momento más importante para un entrenador transcurre entre el minuto 10 y 20 del segundo tiempo. Es el periodo determinante para él y en el que transmite al equipo hacia dónde quiere ir. Puede variar en algunos encuentros, pero en general este tramo del partido es el que lanza el mensaje a los jugadores de lo que debe ser el partido.

No me influye si desde la grada me piden un cambio u otro. Me guío por lo que considero que necesita el equipo. Introduzco las variaciones que me parecen más convenientes en cada momento. Igual que no me afecta lo que digan desde la grada, tampoco me sirve de referencia lo que me pueda decir un periodista.

Debo analizar lo que necesita el equipo en ese momento y no hacer caso de lo que puedan decir los demás. Lo más importante es el equipo. Está por encima de todo.

A veces se puede pensar que es más conveniente que entre un jugador que otro al terreno de juego. Quien mejor lo sabe esto es el entrenador, que analiza a todos los miembros del grupo a diario en los entrenamientos. Si al final su decisión no coincide con la de la mayoría es por algo. No hay duda.

«Prefiero el atrevimiento y la valentía.
La desidia y la pasividad
no tienen un hueco en mi proyecto.»

Desde el banquillo sientes inquietud cuando compruebas que no se están aplicando las premisas que has marcado al plantear el partido. No me molesta que el equipo juegue mal, lo que me desagrada es ver apatía, observar a un jugador relajado. Sin entrega. Que duda. Que tiene miedo. No lo soporto, reconozco que me puede.

La intensidad y las ganas son fundamentales en el fútbol actual. No tengo problemas en apoyar a mi equipo si pierde por jugar mal, pero si es por no entregarse al máximo, no lo tolero.

Prefiero el atrevimiento y la valentía. La desidia y la pasividad no tienen un hueco en mi proyecto.

Y el miedo también es bueno. Se huele y te hace estar pendiente de las situaciones que puedan generar un peligro. La confianza desmedida te hace relajarte en exceso.

«Esto es un juego, no gana el que mejor juega, sino el que está más seguro de lo que hace. Si tienes muchos más jugadores seguros de lo que tienen que hacer, vas a ganar más partidos que si tienes muchos futbolistas que jueguen bien.»

El miedo hace que no te confíes, que estés alerta ante lo que pueda pasar. Es positivo porque si estás más preparado o más armado reaccionas más rápido cuando llega algún problema en la cancha.

Esto es un juego, no gana el que mejor juega, sino el que está más seguro de lo que hace. Si tienes muchos más jugadores seguros de lo que tienen que hacer, vas a ganar más partidos que si tienes muchos futbolistas que jueguen bien.

Una de mis frases de cabecera es que el esfuerzo no

se negocia. Yo querría que todos mis equipos hicieran partidos espectaculares cada semana, pero eso no puede ser. Ahora, las ganas y el emplearse al máximo sí se pueden exigir.

Por supuesto, hay que tener en cuenta que si además de jugar bien le imprimes al partido corazón e intensidad, el producto que sale es infinitamente mejor.

Hay una frase de Vivas que siempre tengo en la cabeza: «Hasta en el diccionario el esfuerzo va antes que el éxito».

Cuando llegué al Atlético estaban Diego Ribas y Arda Turan, dos cracks. Pero en ambos casos yo pensaba que su rendimiento era menor de lo que podían dar al equipo. Lo mismo me pasaba con uno de los delanteros: Adrián. Eran muy buenos, de lo mejorcito que teníamos en la plantilla, pero yo percibía que no estaban al cien por cien.

No podía jugar con los tres por este motivo. Primero tenía que atender a las necesidades del equipo, a lo que el conjunto me pedía. Es muy negativo para el grupo que en un equipo de once jugadores haya tres que no den todo lo que pueden.

En mi primer partido contra el Málaga (enero de 2012) no jugué ni con Turan ni con Adrián, sino con

Salvio y con Juanfran. Lo que yo quería en mi presentación era que ellos imprimieran carácter.

Todos me decían que estaba loco por dejar en el banquillo a Adrián y a Turan. Pretendía en mi debut mandar un mensaje de lo que es mi manejo en la gestión de un grupo. Y algo también muy importante: con el nombre sólo no se juega.

«Hay una frase de Vivas que siempre tengo en la cabeza: "Hasta en el diccionario el esfuerzo va antes que el éxito".»

Hablé con Arda y le dije que le consideraba un jugador extraordinario, pero que debía mejorar algunas cosas. Me respondió: «Le voy a dar el corazón». Y me quito el sombrero porque hasta hoy ha cumplido su palabra.

A Diego Ribas le dije que no podía hacerlo todo. Diego tenía unas ganas enormes y se multiplicaba intentando solucionarlo todo. Le intenté convencer de que sería más determinante haciendo una función concreta y no queriendo hacer una labor que debería hacer todo el equipo. Le expliqué que si lo hacía, tanto él como el equipo jugarían mejor.

Con su mejor rendimiento y el esfuerzo de Adrián potenciamos el equipo. A partir de ahí nació el grupo que fuimos construyendo. Un equipo con mucho talento, más del que tenemos esta temporada. El de esta campaña es más de pelea y de trabajo.

Diego nos dio ese salto de calidad y la posibilidad de darle un equipo de más juego. Cuantos más centrocampistas posees, más tienes la pelota, y cuantos mejores laterales juegan, más superioridad numérica generas.

Desde que llegamos buscamos potenciar al mejor futbolista que tenemos: Falcao. El equipo iba a jugar para ganar. Con la ausencia de egoísmo fuimos construyendo un equipo trabajador y solidario. Y ahí terminó apareciendo el talento. La unión de todo eso hace que cada vez juguemos mejor.

A partir de esa solidaridad, con una buena preparación física y con 12 o 13 jugadores logramos la temporada pasada la Europa League y corrimos un riesgo en la participación en la Liga, pero queríamos ser campeones y lo conseguimos.

Para mí el cuerpo técnico es mi segunda familia. Intento mantener allá donde voy el grueso del grupo. Hay veces que no es posible por motivos familiares o profesionales, pero procuro que las personas que me acompañen se identifiquen de igual modo con los valores del grupo.

Yo fui de los primeros en trabajar con un responsable de prensa propio. Él trabaja en colaboración con las personas encargadas de la comunicación dentro del club. José Luis Pasqués es la persona que se encarga de estos asuntos. Está conmigo desde el principio, al igual que el «Profe» Ortega. Vamos juntos desde mis comienzos como entrenador en 2006. Me han seguido allí donde yo he ido. Anteponiéndolo a todo.

«El cuerpo técnico es algo importantísimo para el buen funcionamiento del grupo. La participación diaria y la estabilidad emocional son cruciales para desarrollar el trabajo, para crear un ambiente en el que poder plasmar todas las cosas que quieres dentro del grupo.»

Luego ha habido colaboradores que han ido entrando y saliendo. Por ejemplo, Nelson Vivas no vino a Europa y se incorporó Burgos.

El cuerpo técnico es algo importantísimo para el buen funcionamiento del grupo. La participación diaria y la estabilidad emocional son cruciales para desarrollar el trabajo, para crear un ambiente en el que poder plasmar todas las cosas que quieres dentro del grupo.

Yo valoro mucho más que su labor. Es algo que va más allá. Es una integración al sentimiento. El contacto del día a día. El no aislarnos de lo que pensamos de la vida. Es la pasión, la obsesión, la búsqueda...

«Todos juntos somos puro sentimiento. En la vida y en el fútbol, la fidelidad es muy importante. Nos potencia a todos. Gente que sin hablar y sólo mirándola ya sabe lo que tiene que hacer. Esa comunicación instantánea te hace ahorrar tiempo, y eso en el fútbol es sensacional.»

Coincidimos en nuestra inquietud por buscar lo mejor para el grupo. No nos gusta quedarnos quietos. Cualquier propuesta nos revela la incertidumbre. Nos gustan los desafíos. Nos encanta que haya algo que despertemos en la plantilla.

No siempre se trata de cuestiones futbolísticas. En ocasiones, son ideas para transmitirles una forma de vivir o una fuerza para afrontar los compromisos que se avecinan.

Todos juntos somos puro sentimiento. En la vida y en el fútbol, la fidelidad es muy importante. Nos potencia a todos. Gente que sin hablar y sólo mirándola ya sabe lo que tiene que hacer. Esa comunicación instantánea te hace ahorrar tiempo, y eso en el fútbol es sensacional.

Los rebeldes dentro del grupo

Me gustan los jugadores rebeldes. Es labor del entrenador intentar sacar el máximo partido de ellos. No todos los miembros del grupo pueden ser tratados de la misma manera. Hay que conocer la personalidad de cada uno y saber lo que le puedes decir, cuándo se lo tienes que decir y cómo se lo debes decir.

«El equipo es lo primero y no debe verse descompensado por las aspiraciones individuales de cada uno, porque eso va en detrimento del rendimiento y de los resultados.»

Cuando entrené a San Lorenzo en 2009 tenía un jugador muy bueno, un crack, «Papu» Gómez. Era un futbolista que jugaba en la banda pero que prefería actuar de delantero. Estaba convencido de que destacaba mucho más como último hombre del ataque que entrando por los extremos. Este futbolista venía de jugar en otro equipo argentino, Arsenal, y lo hacía como segundo delantero.

Yo en cambio prefería que trabajase más como exterior o como volante. «Papu» jugaba muy bien como delantero pero yo estaba seguro de que sería más útil al equipo si jugaba en el extremo.

Su problema era que quería gustarse y, por tanto, deseaba estar cerca del gol, de la gloria. Era egoísta. Esto a mí no me gusta. Yo quiero jugadores a los que les guste que gane el equipo y que no antepongan su actuación personal a la del grupo. El equipo es lo primero y no debe verse descompensado por las aspiraciones individuales de cada uno, porque eso va en detrimento del rendimiento y de los resultados.

Me costó mucho convencerle. Era muy rebelde y se empecinaba en defender lo que él pensaba que era lo más positivo para su rendimiento. Algo parecido me pasó con Buonanotte, pero este fue bastante más receptivo con mis explicaciones que «Papu».

Yo le preguntaba si en el contrato que tenía firmado

con el club ponía en alguna parte dónde tenía que jugar y que no podía bajar hasta el lateral de la cancha.

Mi labor pedagógica fue exhaustiva. Un día le dije: «Mira, Papu, tú vas a ir a jugar a Europa y la única posibilidad que tienes de triunfar es jugar de extremo y no de delantero centro, porque con tus características no te van a sacar partido en esa posición».

«Pero mi gran satisfacción llegó tiempo más tarde. Un día me llamó por teléfono desde Europa y me dijo: "Tengo que darte las gracias porque todo lo que me está pasando es, en gran parte, por lo que tú me transmitiste cuando nos conocimos".»

No le veía muy convencido después de la charla. Yo la rematé y le aseguré: «Te lo digo yo, que ya he jugado en Europa».

Su rebeldía seguía intacta. Yo no era capaz de convencerle y él seguía firme en sus convicciones. Nuestra relación fue un poco turbulenta, discutimos, nos peleamos, nos enojamos.

Pero mi gran satisfacción llegó tiempo más tarde. Un día me llamó por teléfono desde Europa y me dijo: «Tengo que darte las gracias porque todo lo que me está pasando es, en gran parte, por lo que tú me transmitiste cuando nos conocimos».

Estas palabras me llenaron, fue lo más reconfortante, lo más lindo. Cuando un entrenador ve que algo que se trabajó con ahínco se mejora, se siente feliz. En ocasiones, la labor de convencimiento debe ser más intensa en función de la persona.

Dentro del grupo, como es lógico, hay miembros que son más abiertos a tus consejos que otros. El trabajo del técnico es saber cómo manejar a cada uno, cómo hacerles llegar las diferentes observaciones sobre su trabajo.

Un caso práctico: Diego Costa

El caso de Diego Costa es muy peculiar. La temporada 2011-2012 estuvo cedido en el Rayo Vallecano. En el Atlético de aquel momento le iba a costar entrar en el equipo, y lo mejor para las dos partes era que se fogueara en otro conjunto. Pero para entonces Diego ya había dejado una huella impresionante en el grupo.

Cuando volvíamos de jugar algún partido y la radio del bus anunciaba un gol de Diego con el Rayo, toda la plantilla lo celebraba como si hubiéramos marcado nosotros. Me llamó la atención porque no era una situación habitual en el fútbol. Era extraño que un grupo tan amplio festejara de esa manera los tantos de un antiguo compañero.

El problema que teníamos para que volviera Diego Costa al Atlético era que las tres plazas de extracomunitarios las teníamos cubiertas con Miranda, Salvio y Falcao. Al inicio de la temporada 2012-2013 hablé con él y le dije que Salvio partía con ventaja para quedarse, pero que el cuerpo técnico iba a tratarle y a entrenarle como si se fuera a quedar en la plantilla.

«Cuando volvíamos de jugar algún partido y la radio del bus anunciaba un gol de Diego con el Rayo, toda la plantilla lo celebraba como si hubiéramos marcado nosotros. Me llamó la atención […]. Era extraño que un grupo tan amplio festejara de esa manera los tantos de un antiguo compañero.»

Mi forma de motivarle fue explicarle que a cualquiera de los tres extracomunitarios con que contábamos le podía ocurrir algún percance, y que él debería estar mentalizado como si fuera a jugar cada domingo, porque no hay una pastillita que te ponga en forma en dos minutos si eres necesario.

Cuando le vi entrenar con el grupo me quería morir. ¡Qué bárbaro! ¡La rompía! ¡Era imparable! Lo que ahora ve todo el mundo cuando juega él ya lo hacía en los entrenamientos.

Al final Salvio abandonó el club y se le abrieron las puertas a Diego, aunque él todavía dudaba sobre la posibilidad de quedarse, porque no tenía claro si iba a terminar jugando. Le dije que se preparara bien porque un futbolista de sus características siempre iba a jugar conmigo. Le aseguré que si aprovechaba los minutos que le fuera dando acabaría por hacerse un hueco en el equipo titular.

«Cuando le vi entrenar con el grupo me quería morir. ¡Qué bárbaro! ¡La rompía! ¡Era imparable! Lo que ahora ve todo el mundo cuando juega él ya lo hacía en los entrenamientos.»

Diego Costa transmite una fortaleza que contagia al grupo de una forma desmedida. Su forma de caminar en el campo es la manera de decir que está a tope.

Es un futbolista que está creciendo y que todavía es joven. Es la primera vez que está en un equipo competitivo. Es titular y se lo ha ganado a pulso. Es el reflejo de la historia del carácter del Atlético de Madrid.

«Diego Costa transmite una fortaleza que contagia al grupo de una forma desmedida. Su forma de caminar en el campo es la manera de decir que está a tope.»

Se entrega al máximo pero debe aprender a dosificar su fuerza. Tiene que controlarse en ocasiones porque un futbolista es bueno si potencia sus virtudes y esconde sus defectos. Hay quien dice que juega al límite. Curiosamente eso también lo decían de mí.

Mejora día a día. Con la edad irá puliendo sus errores. Da gusto ver cómo descifra los ataques, las diagonales que hace o su verticalidad hacia la portería contraria.

El carácter de Diego supone un problema para los contrincantes. Es normal que los rivales sufran ante un jugador de sus características, pero cada uno debe buscar las armas que potencian al individuo y al equipo.

Con él jugamos un 4-4-2, mientras otros equipos lo hacen con tres delanteros o sólo con uno. Hace fácil un sistema con el que no es fácil jugar. Transmite una agresividad en la delantera que hace que el equipo parta con ventaja por el desgaste que supone para el rival la presencia de este tipo de jugador. Su intensidad contagia al resto del grupo; hace pensar a sus compañeros que si él corre con ese entusiasmo, cómo no lo van a hacer ellos.

«Hay quien dice que juega al límite. Curiosamente eso también lo decían de mí.»

Sirve para motivar nuestro juego. Refleja una identidad caracterizada por la intensidad y la agresividad que es la marca registrada de la historia del Atlético de Madrid, junto con el fútbol al contragolpe.

4. La vida y el fútbol

«Me gustaría que mis hijos fueran tipos decentes, educados, buena gente, queridos por sus amigos.»

Mis referentes

Cuando era jugador siempre observaba con detenimiento y con mucha atención los métodos de mis entrenadores. Me fijaba en cómo manejaban al grupo y cómo nos trataban individualmente.

Los técnicos que he tenido en la selección argentina me han marcado profundamente. De cada uno de ellos he sacado conclusiones y me han servido como un aprendizaje envidiable.

Un claro ejemplo de esto es Alfio Basile. Era un gran motivador del grupo. Se dirigía a nosotros con una claridad tremenda y el grupo creía en él. Aún recuerdo sus charlas de la Copa América, en la que salimos campeones. Buena parte del título la debemos a lo que pasaba en el vestuario y a la comunicación de Basile con el grupo.

Su sola presencia ya impactaba, nos llenaba, tenía todo, una voz muy fuerte, la forma de caminar, la seguridad que mostraba en las charlas. Todo eso lo aprendí de él.

Daniel Pasarella era mi ídolo. El gran capitán que uno recuerda desde chiquito. Admiraba su andar, su prestancia, su jerarquía, su porte en la cancha. Después como entrenador era un tipo que sólo con la mirada te transmitía cosas. No hacía falta que hablara. Eso está al alcance de muy pocos.

«Es un entrenador extraordinario. Sabe extraer lo mejor de cada jugador. Cuando uno ha estado en un equipo con Bielsa sale hecho otro jugador.»

Marcelo Bielsa fue el entrenador que me despertó el sentimiento por los entrenamientos. Para él la sesión diaria no era un mero trámite para pasar la jornada. Era algo más, marcaba lo que podía ocurrir en los partidos. Intentaba aprovechar cada parte del trabajo diario para mejorar al futbolista.

«El saber competir lo aprendí con Carlos Salvador Bilardo. Es uno de los técnicos que más me han marcado futbolísticamente. Además, me enseñó lo que es querer a la selección argentina.»

Es un entrenador extraordinario. Sabe extraer lo mejor de cada jugador. Cuando uno ha estado en un equipo con Bielsa sale hecho otro jugador.

Hay quien dice que presiona mucho a los futbolistas, pero yo siempre soy positivo. De todos los entrenadores que he tenido siempre me he quedado con la parte que me aportaba algo y no con el lado negativo, porque todos tenemos una versión que no es tan buena.

El saber competir lo aprendí con Carlos Salvador Bilardo. Es uno de los técnicos que más me han marcado futbolísticamente. Además, me enseñó lo que es querer a la selección argentina.

También aprendí con él a situarme en el campo. Estuve bajo sus órdenes cuando tenía 18 años y, desde mi rebeldía, no entendía, por ejemplo, que un mediocampista podía jugar en varias posiciones. Yo veía el fútbol de forma más encorsetada, con pocas variaciones dentro de una misma línea de juego.

«Todos ellos me enseñaron que las personas deben comportarse igual en su vida privada que en el terreno de juego.»

Bilardo fue el entrenador que me inculcó cómo interpretar el fútbol, el saber leer un partido, ver otras cosas y estar siempre atento a lo que ocurre en la cancha.

Todos ellos me enseñaron que las personas deben comportarse igual en su vida privada que en el terreno de juego. Es mentira eso de que uno es distinto en su casa que cuando está en un entrenamiento. Yo soy como soy y transmito lo mismo dentro que fuera de la cancha. Cuando estoy con mi familia no me comporto de forma distinta que cuando estoy con los jugadores.

Es evidente que no trato a mis hijos como futbolistas, sino como a mis hijos, pero sí es cierto que procuro educarles de la misma manera. Con principios que yo creo que son fundamentales en la vida y en el fútbol. El respeto, el compromiso, la seguridad…

La sociedad y el fútbol

Vivimos en un mundo que nos transmite agresividad. La sociedad es simplemente una receptora de ello. Actúa en función de los mensajes que recibe. Ese comportamiento en tensión lo observamos en todos los lugares públicos y en la vida diaria. Y como es lógico, el fútbol no es ajeno a ello.

«Es evidente que no trato a mis hijos como futbolistas, sino como a mis hijos [...]. Con principios que yo creo que son fundamentales en la vida y en el fútbol.»

A veces discutimos por cualquier pequeño incidente con el auto. En el fútbol, con más gente, se ve mucho más. Es un tema social. La situación que atraviesa el fútbol argentino nos hace ser más agresivos. El respeto que hay en España genera más tranquilidad para crecer mejor y jugar mejor.

En Argentina el jugador tiene una aceleración especial por lo que vive en el escenario, por lo que le transmite la grada y por el sentimiento tan exagerado que a veces trasladan los hinchas.

Recuerdo un día cuando estaba en Racing que íbamos a jugar contra Independiente. La locura total en Avellaneda. En el camino que nos llevaba al estadio vimos que una de las avenidas estaba llena a cada lado de autos de los aficionados que habían optado por aparcarlos y bajarse de ellos.

En cada lateral había tres filas de autos estacionados, lo que hizo que nos quedáramos bloqueados sin poder pasar. Estábamos flanqueados por nuestra gente. Nuestros hinchas nos querían hacer partícipes de su emoción ante el partido, pero ello hizo que la presión que sentía el grupo se incrementara mucho.

Los aficionados empezaron a zarandear el bus en un intento de animarnos para ganar ese partido contra Independiente.

La tensión emocional de los aficionados impactó de forma espectacular en el corazón de los que viajábamos hacia el estadio.

Entonces miré al «Profe» Ortega y le dije con la piel de gallina: «Explíqueme cómo se hace ahora para dar dos pases seguidos. Es imposible».

La pasión de la gente era tal que nos daban a entender claramente que había que ganar el clásico como fuera.

En España los partidos se viven de forma más tranquila. No se puede comparar con Argentina, tanto en el ambiente en los alrededores del estadio como en el comportamiento dentro de la cancha.

Incluso, en el propio juego, hay más paciencia. Si en Argentina juegas para atrás, te gritan si el balón llega al portero. Hay cinco paros cardiacos. Tienen miedo de que les hagan un gol, no piensan que están construyendo una jugada y que a partir de ahí el equipo puede volver a empezar a elaborar un ataque.

El futbolista tiene miedo de perder la pelota y se olvida de querer jugar. Por eso se juega peor en Argentina. Hay que interpretar nuestra sociedad para analizar el juego que se desarrolla en un partido. Estoy convencido de que es más difícil en Argentina. Hay una presión y una adrenalina continua que te hace perder la estabilidad emocional para jugar tranquilo.

Nuestra existencia futbolística tiene razón de ser por la hinchada. Puede ser más o menos apasionada, pero nos debemos a ella. Es muy importante.

Primero debe entender una cosa: que sus jugadores son los mejores del mundo porque son los nuestros. Del minuto uno al noventa son los mejores y deben estar con ellos hasta el final del partido. Los aficionados tienen que pensar que los jugadores son los únicos que pueden hacer ganar a su equipo. Para ello, mejor estar con ellos a muerte.

Es contraproducente ser crítico y generar inestabilidad en el jugador porque es el único que puede lograr la victoria, y esta se pone en peligro si se le traslada una falta de confianza, de claridad o de seguridad. Cuando acaba el partido, el aficionado ya tiene posibilidad de enojarse y de recriminarles a los jugadores lo que considere oportuno, pero nunca antes.

Los únicos que pueden llevar a los hinchas al lugar que quieren son los jugadores. Estos, a su vez, necesitan el apoyo de la gente para ser mejores. Y además, el club precisa tener cada vez más energía positiva en la gente para ser mejor. Entre todos se van alimentando para que el objetivo final de la victoria esté más cerca.

Esa presión de la grada la nota más el futbolista que el entrenador. Este está en el banquillo. El jugador tiene más frentes abiertos. Es el encargado de tener la mente descargada y estar centrado sólo en lo que acontece en la cancha. No debe alterarle el comportamiento crítico de la grada. Entonces se descontrola y lo paga el grupo.

Mensaje en tiempos de crisis

La situación económica es muy complicada en todas partes. Los que estamos metidos en el mundo del fútbol también somos conscientes de los problemas que padece la gente. Nos llegan las dificultades económicas que atraviesan personas que antes vivían con más tranquilidad.

No vivimos en una nube. Muchos de nosotros mantenemos la amistad con personas que no se dedican al deporte y que nos muestran lo que está pasando. Es un error pensar que sólo nos relacionamos con entrenadores, futbolistas o dirigentes. Incluso dentro del propio fútbol, hay jugadores que tienen problemas para cobrar.

En primer lugar, lo que aconsejo es tener paciencia. He vivido otros momentos muy malos y sé que hay que acostumbrarse a tener paciencia. Hay que valorar lo que uno tiene, las cosas que posee o el trabajo, si tiene la suerte de estar ocupado.

Recuerdo que después de ganar el campeonato con Estudiantes ante Boca, la gente se quedó en la cancha para celebrarlo. Me pasaron el micrófono para que le dijera algo a la afición y tuve que hablar ante 40.000 hinchas.

Les hice ver que Argentina es un país sufrido y con gente trabajadora, mucho más preparado para resolver problemas que para vivir en la tranquilidad. «No sabemos vivir en la tranquilidad, nos metemos en situaciones nuevas para revertirlas», les dije.

«Muchos de nosotros mantenemos la amistad con personas que no se dedican al deporte y que nos muestran lo que está pasando. Es un error pensar que sólo nos relacionamos con entrenadores, futbolistas o dirigentes. Incluso dentro del propio fútbol, hay jugadores que tienen problemas para cobrar.»

Y continué mi intervención en la cancha ante esos aficionados felices por el título. Y les comenté que eso que había pasado esa tarde con Estudiantes es en gran medida lo que uno debe tener como filosofía para la vida. El creer que se puede, el no bajar los brazos, el insistir, el estar convencido de lo que tú puedes hacer sin pensar en el final.

En esta ocasión, el final fue bueno, pero lo importante fue la búsqueda. El querer pelear por algo. Entonces lo normal es que las cosas vayan más bien que mal. Si te dejas llevar, que las cosas fluyan con naturalidad, entonces te vas dejando y será al revés. Las cosas irán más mal que bien.

Lo que hice aquel día fue invitar a la gente a pensar que en la vida se puede mejorar, porque sí se puede. Nosotros lo demostramos. Hicimos algo que era prácticamente imposible.

Para llegar a lograr ese campeonato hubo una tozudez, un convencimiento, una energía que fue incrementada y que fue tan fuerte que hizo que se creara ese ambiente para conseguir el objetivo. Esto te da una felicidad enorme.

«Lo que hice aquel día fue invitar a la gente a pensar que en la vida se puede mejorar, porque sí se puede. Nosotros lo demostramos. Hicimos algo que era prácticamente imposible.»

---

5. Diego Pablo Simeone. El «Cholo»

«En la vida, la capacidad es tan importante como la fidelidad.»

Nací el 28 de abril de 1970 en Buenos Aires. Lo de «Cholo» me lo puso un entrenador que tenía en el equipo de infantiles de Vélez, Óscar Nessi. Había un futbolista en Boca que se apellidaba Simeone (Carmelo), al que llamaban «Cholo». Un día en el entrenamiento me llamó así y me quedé con ello para siempre.

Los técnicos te marcan desde chiquito. Tan importantes son los que tuve en mi madurez como los que me enseñaron a jugar al fútbol cuando era un niño. Uno de ellos fue Salvador Calvanese, que te transmitía una fuerza y un deseo por ganar impresionantes.

«A los 15 años tuve mi primer entrenamiento con el equipo de primera de Vélez. Ahora esto es más fácil verlo allá porque los chicos enseguida se vienen a Europa a jugar, pero en aquella época no era habitual.»

Con 14 años recuerdo que tuve como técnico a Victorio Spineto, una leyenda como futbolista de Rosario de los años sesenta. Me entrenó cuando él tenía unos 70 años. Fue un visionario. Un día, después de hacer una gran jugada en un entrenamiento, se acercó a mí y me dijo que en tres años jugaría en la primera división. Acertó. Con 18 años recién cumplidos debuté en la máxima categoría.

A los 15 años tuve mi primer entrenamiento con el equipo de primera de Vélez. Ahora esto es más fácil verlo allá porque los chicos enseguida se vienen a Europa a jugar, pero en aquella época no era habitual.

El entrenador que me hizo debutar fue Daniel Wellington. Fue el 13 de septiembre de 1987 contra Gimnasia y Esgrima de La Plata. Fuimos derrotados por dos goles a uno.

En el segundo partido de liga perdíamos por dos goles a cero contra Deportivo Español. En el descanso me dijo que calentara porque iba a salir. Estaba tan concentrado que salté a la cancha mucho antes que mis compañeros. No sabía qué hacer yo solo en el campo. El resto del equipo salió unos cinco minutos más tarde, pero a mí me pareció un mundo. Me quería morir.

Fue un día para enmarcar. Se me daba bien jugar entre líneas y aproveché un pase en profundidad para quedarme solo delante del arquero. Le gambeteé para la izquierda y la pegué con la zurda a puerta vacía. La pelota tardó aproximadamente ochocientos minutos en entrar en la portería. Parecía que nunca lo iba a hacer.

Tras dos temporadas en Vélez me marché al fútbol italiano para jugar en Pisa. Allí estuve tres temporadas. Mi marcha a Europa fue un quiebre para mi familia. En aquella época (1989) los jugadores argentinos no emigraban con la facilidad con que lo hacen actualmente.

Para mí Italia era el paraíso. Cuando estaba en Vélez, los domingos eran sensacionales. Me levantaba por la mañana para desayunar con los compañeros y volvía rápidamente a la habitación para ver jugar a Maradona con el Nápoles. Luego almorzaba, jugaba el partido con Vélez y por la noche veía otro partido en casa tomando una cerveza y una pizza. Qué buenos eran estos domingos.

«La pelota tardó aproximadamente ochocientos minutos en entrar en la portería. Parecía que nunca lo iba a hacer.»

Estaba nervioso y recuerdo que en el avión que me trasladaba a Italia estuve memorizando las palabras en italiano que me habían escrito en un papel y que iba a decir a mi llegada. Les daba las gracias por ficharme y les decía que estaba muy contento.

Lo más gracioso fue mi imagen cuando llegué al aeropuerto italiano. Salí de Argentina con un frío tremendo y en invierno, mientras que en Europa era verano y hacía un calor insoportable. En las fotos de aquel día se me ve con un abrigo espectacular. Esto refleja la inocencia que tenía todavía. La experiencia en Pisa me sirvió para madurar y para afrontar la realidad que me vendría posteriormente.

En 1992 fiché por el Sevilla, donde estuve dos temporadas. Fue un paso adelante en mi carrera. Coincidí con Maradona y con Bilardo, el entrenador que me empezó a potenciar como futbolista.

Entre 1994 y 1997 vestí los colores del Atlético de Madrid. Fue una etapa inolvidable. Por el cariño de la hinchada y por los títulos, con la consecución del doblete.

Después se sucedieron el Inter de Milán (1997-1999), la Lazio (1999-2003), mi vuelta al Atlético (2003-2005) y mi retirada en Racing (2005-2006).

«Mi marcha a Europa fue un quiebre para mi familia. En aquella época (1989) los jugadores argentinos no emigraban con la facilidad con que lo hacen actualmente.»

En la Lazio sufrí la única lesión de gravedad de toda mi carrera. Fue siete meses antes de que se disputara el Mundial de Corea y Japón. Me rompí el ligamento cruzado y el cartílago. Desde la operación a finales de octubre hasta mayo, mi vida fue un reto continuo por llegar en condiciones a ese campeonato. Como es habitual en mí, me encabezoné y lo conseguí. Sin vacaciones. Con mucho sacrificio y sin ver apenas a mi familia.

En la escalera por la que bajaba en mi casa para salir a la calle pegué una cartulina en la que puse los 180 días que quedaban para poder estar a punto. También coloqué otra en el vestuario del gimnasio donde hacía la recuperación. Cada jornada que pasaba ponía un palito en el día correspondiente.

Al final, jugué el Mundial con Marcelo Bielsa en el banquillo. Disputé los dos últimos partidos. Una vez más demostré que si las cosas las haces con convicción, estás cerca de lograr el objetivo. Es cierto que también influyen otros factores, pero ese convencimiento no debe arrugarse ante ellos. Hay que tirar hacia delante y no hacia atrás, esa es la diferencia entre unas personas y otras.

Antes de fichar para retirarme en Racing tuve ofertas para seguir jugando en países exóticos a las que no atendí. Mi deseo fue siempre abandonar mi carrera en Racing, mi equipo desde la infancia. Si en lugar de terminar en Racing lo hubiera hecho en otro país menos futbolístico, me habría apartado de lo que siempre sentí como jugador. El estar expuesto a las críticas y a los halagos y vivir un partido como algo muy especial.

Prefería no aislarme en un país con escasa tradición futbolística, a pesar de que me ofreciera mucho dinero, y opté por jugar mis últimos años en Racing sin alejarme del sentimiento que tuve.

Con 18 años también jugué mi primer partido con la selección argentina. Me retiré del equipo nacional en 2002. Estuve 14 años. Disputé 106 encuentros y marqué 11 goles. Tengo en mi corazón las dos Copas América, una Copa Confederaciones y la medalla de plata de los Juegos Olímpicos de Atlanta. También la disputa de los mundiales de Estados Unidos, Francia y Corea-Japón.

«Hay que tirar hacia delante
y no hacia atrás, esa es la diferencia
entre unas personas y otras.»

Ahora no echo de menos esa época como jugador. Yo ya competí y al fútbol ya le di todo desde ese puesto. No me guardé nada, le entregué mi vida, mi pasión, mi compromiso y mi esfuerzo.

En la actualidad vivo el fútbol desde otra posición que también me apasiona. Me excita el hecho de tener que convencer a un grupo y de generar cosas importantes. Mi sueño es dejar una marca, no con los títulos que pueda conseguir, sino con lo que transmita a los jugadores y a la institución.

He entrenado a Racing (2006), Estudiantes (2006-2007), River Plate (2008), San Lorenzo de Almagro

(2009-2010), Catania (2011), otra vez Racing (2011) y ahora Atlético de Madrid. Muchos equipos en un corto periodo de tiempo.

«Ahora no echo de menos esa época como jugador. Yo ya competí y al fútbol ya le di todo desde ese puesto. No me guardé nada, le entregué mi vida, mi pasión, mi compromiso y mi esfuerzo.»

En el Atlético tenemos por delante otros cuatro años en los que seguro que tendremos momentos de dificultad, pero estoy convencido de que los superaremos si caminamos todos juntos.

Quiero un Atlético competitivo en el que la única aspiración sea mejorar lo hecho el año anterior con objetivos claros y concretos.

Ojalá con el tiempo nos podamos permitir competir económicamente con otros clubes. Necesitamos ganar para acercarnos a los mejores en el presupuesto. Para eso hay que entrar en la Champions League e ir avanzando partido a partido.

En esta nueva etapa el principal trabajo está en que nadie nos saque de cómo queremos crecer deportivamente. Los hinchas tienen unos objetivos. Y, sobre todo, los periodistas exigen otros que no se pueden cumplir, pero con su opinión generan polémica porque intentan convencer a la gente de cosas irrisorias. No se puede salir campeón en todos los torneos.

Los medios me criticaron por el papel que hizo el equipo en la Europa League esta temporada porque consideraron que tiré esta competición. No es cierto. Fuimos competitivos. Si no hubiéramos alternado con tantos jugadores en este torneo no habríamos llegado tan lejos en la Liga y en la Copa. Es muy fácil criticar desde una columna. Estas opiniones son las que no nos tienen que afectar.

«Si queremos subir cuatro escalones de golpe, nos caemos.»

El club tiene ahora la responsabilidad de hacer crecer al equipo. También la plantilla, pero si la institución ficha a buenos jugadores nos hará ser más competitivos. Podremos exigir más a los jugadores y vendrán las victorias. Algo fundamental es que todos los miembros del club debemos ir escalón por escalón y sin miedo. Si queremos subir cuatro escalones de golpe, nos caemos.

6. Palabra de Simeone

«Para conducir un grupo
lo más importante es hablar poco.»

* * *

«El liderazgo no se elige,
lo eligen los compañeros.»

* * *

«Me siento mejor con problemas
que cuando las cosas están tranquilas.»

«Las decisiones no se eligen,
se toman.»

* * *

«Hay que saber encontrar las virtudes del jugador
y disimular sus defectos.»

* * *

«Bielsa es extraordinario
para potenciar a los jugadores.»

* * *

«Bilardo me enseñó lo que es querer
a la selección argentina.»

* * *

«Es mejor ponerse rojo una vez
que tener cara de tonto un montón de veces.»

«Nadie es más importante
que el equipo.»

* * *

«Soy todo motivación, sentimiento y entusiasmo,
me despierta una cosa y me pierdo.»

* * *

«Nunca lo dije pero me arrepiento de no haber tenido
un partido de despedida en Racing.»

* * *

«Soy muy tozudo,
pero también tengo una cabeza muy abierta.»

* * *

«Nunca me quise ir del Atlético cuando era jugador,
pero sabía que tenía que hacerlo.»

«Sabía que iba a volver
al Atlético como entrenador, estaba convencido.»

* * *

«El crack del equipo es
el que menos problemas genera.»

* * *

«En la vida, la capacidad es tan importante
como la fidelidad.»

* * *

«Los partidos no los ganan los que mejor juegan,
sino los que están más seguros de lo que hacen.»

* * *

«El esfuerzo no se negocia.»

«Se juega como se entrena.»

* * *

«Ganar conduce a ganar.»

* * *

«Busquets es un genio,
sabe jugar para el equipo.»

* * *

«Jugar a la pelota no
es lo mismo que jugar al fútbol.»

* * *

«El futbolista necesita
que el entrenador tenga equilibrio.»

«Cuando gano una final
siento un vacío, me quedo paralizado.»

* * *

«Guardiola armó un equipo que posiblemente
será el mejor que veamos en la historia.»

* * *

«El éxito te puede confundir
y acercarte al error.»

* * *

«El grupo debe ser homogéneo y compacto
y estar por encima de las individualidades.»

* * *

«Diego Costa refleja lo que es el carácter histórico
del jugador del Atlético de Madrid.»

«Me rebelo cuando un jugador
tiene mucho más para dar y se lo guarda.»

* * *

«No echo de menos
ser futbolista. Ya competí.»

* * *

«Hay que ir escalón a escalón.
Si queremos subir cuatro escalones seguidos
nos caeremos.»

* * *

«Mi sueño es dejar una marca
no con los títulos que pueda conseguir,
sino con lo que transmita a los jugadores
y a la institución.»

«Cuando la vida nos pone retos
el ser humano siempre responde,
porque en la dificultad somos mejores.»

* * *

«No sé contar muchos cuentos,
siempre prefiero hablar de realidades.»

* * *

«La felicidad consiste en vivir el presente
de la mejor manera. Pensar en el futuro
no conviene demasiado; si lo hacés,
a menudo se te escapa lo que tenés delante.»

* * *

«En este deporte hay que tener miedo,
el miedo te da coraje y te hace estar alerta.»

«En mi casa recibí una educación esmerada.
Tengo la suerte de aprender de todo lo que veo
para ir mejorando yo mismo.»

* * *

«Exigir es más difícil en el éxito
que cuando las cosas van mal.»

* * *

«La mejor manera de preparar
el futuro es mejorar el presente.»

* * *

«Lo mejor de mí lo sacás
cuando las cosas van mal.»

* * *

«Cuanto más me anima la gente
más responsabilidad siento que tengo.»

«Soy poco hablador, y antes de los partidos
me encierro en mí mismo. Con los únicos
que hablo antes de los partidos es con mis hijos.
Hablo con los tres antes de cada partido.»

* * *

«El equipo mejora con la entrada
de dos o tres jugadores nuevos cada año,
por la motivación y el aire fresco que aportan.»

* * *

«El trabajo te termina devolviendo el esfuerzo.»

* * *

«La clave para mejorar es dar espacio a la gente,
darles confianza y no fiscalizarles.»

* * *

Apéndices

1. Copa del Rey 2012/2013

Los 90 minutos de la final habían sido de una adrenalina absoluta, con momentos a favor y momentos en contra en los vaivenes del juego. Ese final acorralándolos con varios tiros de esquina nos demostró que estábamos bien, muy bien.

Los partidos me provocan una mezcla de tensión y excitación, es una comunión entre esas dos situaciones. Yo digo que si me explota una bomba detrás del estadio, ni cuenta me doy. Es el único momento en mi vida que solo veo la pelota y los jugadores nuestros y de los rivales.

Eso me pasó potenciado a mil en el momento de decirles, instantes antes de comenzar el suplementario, que estábamos mejor, más enteros, y que no tenía dudas de que les ganábamos.

La temporada 2012/2013 era muy buena. La iniciamos ganando la Supercopa europea en Mónaco frente al Chelsea, con una victoria 4-1 estupenda, a un enorme equipo que tres meses antes había ganado la Champions al Bayern de Múnich en Alemania; se logró clasificar en la Champions en forma directa, y varias fechas antes del final de la Liga, como no se lograba desde la 95/96, y habíamos tenido una Copa del Rey muy dura, la cual, después de superar al Real Jaén, el Getafe, el Betis y el Sevilla, nos permitió jugar una final nada menos que contra el Real Madrid. No era una final más, había un desafío diferente. Estaba totalmente convencido –y se lo dije al Profe Ortega después del partido de Liga que perdimos en el Bernabéu 2-0– que si había un partido que quería jugar contra ellos, era la final de la Copa del Rey. No sé por qué, pero tenía la intuición, una sensibilidad especial sobre lo que podía suceder, la sensación y la certeza de que el equipo, en una final, iba a perder ese miedo escénico del que siempre se habló, ese miedo de tantos años de no poder ganarle, ese respeto que te lo transmiten continuamente el periodismo, la televisión, la radio, y que una final podía cambiar, porque estábamos los dos en las mismas condiciones, porque en ese partido uno de los dos salía con la Copa. Y el partido lo preparamos en esa línea, buscando, convencidos de saber que la Copa sería nuestra. Yo nunca vi la final como una dificultad; siempre la vi como una oportunidad en la cual nos estábamos encontrando, y que si pasaba, por algo era.

«Los partidos me provocan una mezcla de tensión y excitación, es una comunión entre esas dos situaciones.»

Algunos decían que cuanto más jugás contra el Madrid y el Barcelona, más perdés; nosotros decíamos que cuantos más partidos nos habían enfrentado, más veces habíamos tenido la posibilidad de acercarnos y encontrarles debilidades que nos permitieran ganarles. Aun en varias derrotas con ellos, siempre hubo algo que me mostró que si hacías las cosas mejor, te podías acercar, y nos fuimos acercando. En todos los partidos que jugábamos contra el Madrid y el Barcelona observábamos que a mejor preparación, mayor capacidad de trabajo y de interpretar dónde les dolía a ellos, les empezábamos a hacer daño.

El fútbol no es una ciencia cierta, pero por algo desde la final de la Copa del Rey, en la que ganamos, hasta el término de esta temporada, en doce enfrentamientos apenas perdimos dos con el Madrid en la última Copa del Rey, en la Champions se nos fue en el suplementario, y en la Liga ganamos y empatamos y no perdimos en seis partidos de tres competiciones diferentes con el Barcelona.

La historia del club nos ayudaba porque no era lo mismo que la Liga. La historia del Atleti dice que en anteriores ediciones de la Copa del Rey en el Bernabéu el equipo había ganado, y, quieras o no, la historia pesa, como pesaba en contra en la Liga y como pesó en estos catorce años; sin duda debía de pesar en este partido que se antojaba difícil y al mismo tiempo nos abría una gran oportunidad de hacer HISTORIA.

Claro que para que se diera esta situación había que pasar varias etapas, y en principio cierto es que era imposible analizar que podíamos llegar nosotros, contra ellos y en el Bernabéu.

Pero hay una explicación. Tenemos un equipo que todo lo que se propuso lo logró. Más allá de nuestro trabajo como cuerpo técnico, más allá de nuestra búsqueda como guías que marcan a los jugadores por dónde queremos ir, ellos siempre se focalizaron en algo, en un objetivo. Cuando llegamos, fue la Europa League, la querían, la apuntaron, y lo mismo pasó con esta Copa del Rey: los chicos sabían que en la Liga estábamos muy lejos y esta competencia la pusimos en la mira desde el arranque, desde el primer partido como visitantes ante el Jaén lo demostramos sacando un equipo muy competitivo. Normalmente, los equipos salen a jugarla con formaciones alternativas; nosotros no, nosotros salimos a jugar con todo, porque lo sentí, porque posiblemente vi una puerta para luchar por un título y desde ese mismo partido el equipo se fue encaminando en la búsqueda de la final de la Copa del Rey.

«En todos los partidos que jugábamos contra el Madrid y el Barcelona observábamos que a mejor preparación, mayor capacidad de trabajo [...].»

Hay un punto interesante, como anécdota. Antes de jugar un partido, estando concentrados, en una charla individual con varios jugadores –jugaban la semifinal Madrid-Barça–, me preguntaron: «Míster, ¿a quién quiere en la final?». Yo les dije: «Ciento por ciento al Real Madrid», porque veía que el Barcelona estaba mejor en ese momento, y con el Madrid íbamos a tener opciones que el Barça no nos iba a dar. Entonces se fue creando una situación en la que todos queríamos al Madrid.

También más allá de la plena confianza que teníamos en ganar esa final, hubo un momento realmente de incertidumbre, que hizo generar dudas en más de uno. Fue semanas antes de la final, cuando en el Calderón jugamos el derbi por la Liga y perdimos un partido increíble con ellos. Fue un golpe duro, muy duro. Las sensaciones de ese día fueron difíciles, porque el Madrid no estaba en su mejor nivel, se encontraba preparando la Champions paralelamente y nos jugó con un equipo alternativo, más allá de que quien jugara tenía un enorme potencial, pero no era su once de gala como se dice. El partido lo íbamos ganando, le dieron la vuelta con un gol en contra y, aun así, con un equipo alternativo, tuvo más poder la historia que la realidad del juego, porque el juego no nos había ofrecido grandes dificultades para no llevarnos al menos un empate. Pero nos costó asimilar ese golpe, y tuvimos que trabajar mente y espíritu para comprender que la Copa era distinta, que nos invitaba a tener más credibilidad por su misma historia, porque el Atlético de Madrid es copero, y en todo lo que se presente, habiendo en juego una Copa, el Atleti es peligroso, y aun con todas las dificultades que pudieran presentarse, sabíamos que en el Bernabéu podíamos ganar.

Pero el camino no fue fácil, aunque hoy parece que tal vez llegamos con soltura. En el trayecto de la Copa hubo un momento de quiebre y fue en el partido de ida de la semifinal en el Calderón frente al Sevilla. Fue un momento determinante que marcó el camino al título.

Penal a favor y gol de Diego Costa más expulsión de Spahic a poco de arrancar el segundo tiempo. Todo indicaba que era un partido ideal para resolverlo con mayor tranquilidad. Pero pasa eso que tiene el fútbol de maravilloso, a veces a favor, a veces en contra. Enorme jugada de Navas, penal para ellos, expulsión de Godín, gol. Uno a uno, y teniendo que ir a jugar a su cancha, obligados a hacer un gol sin uno de los jugadores más determinantes junto con Miranda para lo que pensaba que iba a ser el partido en Sevilla. Saco a Koke para rearmar la defensa con el Cata Díaz. Hubo un rato de partido que no lo pasamos bien, empezó a generarse cierta incertidumbre en el estadio. Decido sacar a Adrián para meter al Cebolla Rodríguez. Se sentía el murmullo por el cambio, porque parecía un cambio defensivo, pero vi que para el partido que se estaba jugando, confuso, trabado, Cristian podía sacar situaciones favorables, además de necesitar un medio más fuerte, entendiendo también que primero no nos tenían que hacer otro gol, porque así, al menos, estábamos en el partido; un 1-2 nos habría colocado la semifinal muy cuesta arriba. Esas son las decisiones que debe tomar un DT, con frialdad, en vez de seguir la ansiedad, el griterío y el reclamo de la gente por ir al frente a buscar el gol; entendimos que había que estabilizar el equipo desde los cambios. La verdad es que las modificaciones resultaron, y desde ese equilibrio el equipo encontró el camino al gol de la victoria en una jugada importante de Cristian Rodríguez, al que le cometieron penal. Echan a Navarro, y Diego Costa, con una frialdad enorme después de haber pateado el primer penal, termina dejando el resultado en un 2-1 que nos llevaba a una situación más cómoda, pero que nos invitaba a ir a Sevilla, a un campo muy complicado, sabiendo que habíamos ganado, y cuando uno gana, aunque sea 1-0, yo siempre digo que parte con ventaja. Esa semifinal también nos obligó a tomar otra decisión importante, como fue la de elegir el reemplazante para el partido revancha de una pieza clave como Godín. No tuve dudas, más allá de que no contaba el jugador con todo el apoyo de la gente ni buena parte del periodismo; faltaba casi un mes para el partido, y convencido de que el Cata Díaz lo reemplazaría sin inconvenientes, rápidamente se lo comuniqué al jugador para que estuviera tranquilo y se preparara para tan importante partido. Obviamente cumplió acorde con su jerarquía y nuestras expectativas.

Otro punto importante para que se entienda la visión de un técnico, que es normalmente distinta de la de los demás que no lo son, se da en ese partido de vuelta en Sevilla. En pocos minutos de iniciado el encuentro, nos pusimos arriba en el marcador 0-2, con lo cual la serie estaba totalmente liquidada para todos y, sin embargo, ese fue uno de los partidos que más sufrí en el segundo tiempo, porque desde el juego, que a mí también me tocó jugar, vos decís «no pasa nada, lo tengo controlado», lo vivís con mayor tranquilidad. Desde el lado del entrenador, vas leyendo los movimientos corporales de los jugadores, y en esos movimientos corporales se veía una tranquilidad que podía pasar inmediatamente a una intranquilidad, que se tradujo en dos goles de ellos aunque quedaran pocos minutos, por lo cual mi sensación desde fuera no fue cómoda, más allá de que algún jugador desde dentro del campo te pueda decir «lo manejamos bien». Pero estar tan cerca de una nueva final, en un campo tan difícil como el Sánchez-Pizjuán, en el que yo jugué, que sé cómo se maneja la gente, la cual te lleva con el envión anímico en el rato final del partido, me dejó una sensación rara; porque el técnico, a diferencia del jugador, ve constantemente problemas, mientras que el jugador está siempre resolviendo lo que sucede en el momento; entonces de un 2-2 pasás a un 3-2, y tenés que jugar un descuento con la posibilidad de quedar afuera cuando la serie la tenías casi liquidada.

Es decir, del lado del entrenador no te quedás contento, por lo menos como soy yo, porque sabés que hubo un momento en el que el equipo pensó más en dónde quería estar que en lo que tenía que resolver, y yo digo que eso, en fútbol, siempre es un problema, porque aquel equipo que quiera llegar primero al lugar donde se imagina, sin resolver antes lo que tiene en la mano, puede terminar perdiéndolo todo. Por suerte, no pasó.

«Obviamente hay cuestiones tácticas, anímicas y futbolísticas que tienen muchísima importancia [...], porque en definitiva es un juego.»

Llegada la final, dado que se jugaba en el Bernabéu, mandamos averiguar quiénes eran los alcanzapelotas, y en el club se sorprendían. Entonces yo les decía: «Ponen el Bernabéu porque es mejor para todos, porque hay más capacidad, los empleados son de ellos, los controles son de ellos, eligen el banco de suplentes y ponen todos los alcanzapelotas. Así jugamos una final como si fuéramos visitantes en un partido de Liga, y no es así. Una final es una final». A partir de eso, propusimos mezclar los alcanzapelotas, lo que por suerte se pudo hacer. Para muchos puede parecer algo extraño, pero es muy importante, porque el chico que ve que su equipo gana 1 a 0 te alcanza la pelota más despacio; si los 12 pibes son de ellos, vas muerto; ahora, si son 6 y 6, la cosa es más pareja, porque cuando le caiga al chico nuestro, va a jugar para nosotros. Entonces, en esos pequeños detalles, fuimos transmitiendo al mundo del Atlético de Madrid que queríamos ganarla, porque yo creo que es en los pequeños detalles donde uno empieza a ganar las grandes finales, y nosotros la empezamos a ganar así.

Obviamente hay cuestiones tácticas, anímicas y futbolísticas que tienen muchísima importancia, más allá de los detalles que doy, porque en definitiva es un juego, nos ha tocado ganar y perder. Pero cuando hemos tenido la posibilidad de prepararlas con un poco más de tiempo –lo cual es lógico para partidos de este calibre–, hemos llegado bien, ya sea desde la concentración, los detalles o el vídeo que les hacemos a los chicos para que lo visualicen en la previa. En este caso fue muy emotivo.

Los vídeos de este tipo los considero importantes en determinados momentos, porque llega un punto en que el futbolista necesita otra imagen, otra voz. El entrenador está todo el año hablando y hablando, y al jugador se le hace costumbre; soy de la idea de poner alguna cosa que despierte algo más en el futbolista. Aunque la cuestión es muy sutil, porque corrés el riesgo de pasarlos de motivación, y cuando el jugador se pasa de motivación, se bloquea. Por eso hay una preparación previa que pasa por hablarle poco el día del partido respecto del juego, porque si no lo preparaste antes, ese día el jugador no se acuerda de lo que le dijiste que tiene que hacer en el campo. Prefiero enfocarme más en detalles que les puedan generar algún movimiento energético, que creo totalmente que existe, y todo lo que te moviliza, bienvenido sea. Estoy abierto a lo que sea.

¿Por qué ganamos la Copa del Rey? La hemos ganado porque en este juego hay que tener decisión, equilibrio como equipo, entender que no hay nadie más que el grupo, y, además, hay que tener suerte, y nosotros tuvimos suerte en la final. Pero, cuidado, nosotros a esa suerte la ayudamos, porque estuvimos en el lugar indicado, porque no fue casualidad que JuanFran la sacara en la línea; no son casualidad los tiros en los palos; que Courtois haya tenido un par de paradas formidables; no fue casualidad que Miranda hiciera el gol después de que Costa errara uno en el inicio del suplementario; no fue casual que en un contragolpe extraordinario hayamos roto a un equipo que creo que nunca pudo recuperarse de ese gol, porque ellos estaban preparados para marcar y que el partido se les hiciera fácil como empezó a serlo. Por eso nos encontramos con este partido, por todo este tipo de cosas, y porque junto a las cuarenta mil almas que nos acompañaron esa noche, jugamos el partido de nuestras vidas provocando un clic fundamental para lo que iba a venir.

2. Liga española 2013/2014

Sin lugar a dudas, la obtención de la Copa del Rey fue mucho más que ganar un título, porque estoy convencido de que todo lo que nos está pasando no es casualidad.

Llegamos con mi cuerpo técnico en mitad de la Liga 2011/2012, hicimos una segunda vuelta extraordinaria, tras la cual terminamos quintos, cuando habíamos tomado el equipo a cuatro puntos de la zona de descenso; ganamos la Europa League invictos; arrancamos la siguiente temporada ganando la Supercopa europea al Chelsea en un partido para la historia, y consecuentemente iniciamos esa Liga 2012/2013 peleándola con el Real Madrid y el Barcelona hasta diciembre, cuando fuimos al Camp Nou a poquitos puntos de ellos…, con lo cual todo fue una consecuencia de lo que fue ocurriendo y nos dio la posibilidad de creer que podíamos enfrentarnos de manera decisiva y definitivamente a los dos grandes del fútbol español.

«Sé que mucha gente se siente identificada con mis declaraciones, con mis frases, con mis pensamientos […}.»

En este andar muchos se fueron identificando con el equipo, tanto los propios hinchas del Atleti como los de otros equipos, por esa lucha diaria con menos armas, pero llena de convencimiento y trabajo en lo que se tenía y se podía hacer. Por eso el equipo empezó a emparentarse con la frase «el equipo del pueblo», lo que se podría explicar desde nuestra posición contando que si hemos tenido algo que ver en el recorrido tanto de futbolista como de entrenador, es que nos ha tocado estar en lugares importantes y ganar donde ha costado mucho ganar y hacía muchos años que no se lograba. En la selección argentina, por ejemplo, ganamos las Copas Américas de 1991 y 1993, título que no se lograba desde 1959; en la Lazio conseguimos el segundo título en ciento catorce años de historia del club; aquí mismo ganamos la Liga del 95/96 después de casi veinte años. Ya como entrenador logramos el campeonato en Estudiantes de la Plata, que no se alcanzaba desde hacía más de dos décadas. Es difícil explicar qué tiene uno, porque parecería arrogante; sin embargo, estoy seguro de que hay una determinación que me nace naturalmente cuando estoy dentro de un vestuario o en el campo, y que trasmite pasión.

Sé que mucha gente se siente identificada con mis declaraciones, con mis frases, con mis pensamientos; otros, seguramente no tanto, y algunos suponen una actitud desafiante en lo que expreso. Pero realmente todas mis declaraciones o palabras nacen naturalmente, no son estudiadas, son absolutamente espontáneas, y yo creo que lo que mejor me sale siempre es la naturalidad con la que hablo; a veces con más criterio, otras con menos, según quién lo escucha, pero siempre, sin duda, desde el lado absolutamente transparente.

¿Por qué estoy tan aislado los días de partido? Porque considero que todos los demás no sienten lo que siento yo, es decir, me alejo de todo lo que no tenga que ver con el partido, porque yo solo siento que se me va la vida en ese partido; que si pierdo, me pueden echar; solo siento que tengo que ganar, y que el que viene a ver el partido viene a ver un espectáculo, el que viene a pedir un autógrafo, lo hace con la relajación de tener la firma de un ídolo; y el que te llama por teléfono para comentarte cualquier hecho aislado del partido no vive mi misma vida, y la verdad es que no lo acepto, ese día de partido es mío y de mi equipo.

Realmente, muchas veces siento ante partidos importantes, trascendentes, que la energía está de nuestra parte, que aun enfrentando a rivales superiores desde varios aspectos, son momentos en que podemos demostrar a un montón de gente que lucha, que trabaja, que nunca ve esa luz que está esperando, que «se puede», que «hay lugar», que desde un gran esfuerzo, un equilibrio, un trabajo en equipo, desde la compenetración, desde la pertenencia sobre todo a lo que uno hace, las situaciones se pueden encaminar.

El «día a día», el «partido a partido», son frases que a veces se me ocurren y que terminan quedando en la historia, como pasó con «el cuchillo entre los dientes»; fue una cosa totalmente natural, un acto reflejo real de mi vida misma porque realmente yo vivo el día a día. Muchos se sorprenden cuando les cuento que siempre pienso que me están por echar y eso quizá me obliga a estar más a la defensiva, me hace prepararme mejor, me hace tener los miedos que entiendo que en fútbol son buenos; el miedo te hace más agresivo, más intenso, más decisivo, te hace estar más concentrado. Creo que la frase fue la mejor manera de explicar a mis jugadores que en el «partido a partido» no había nadie mejor que nosotros; ningún rival era mejor que nosotros. ¿Por qué? Porque más allá de que el Madrid y el Barcelona sean tremendamente poderosos, uno termina consumiendo en la Liga española, a través de los medios de comunicación, un miedo absoluto que te invita a bloquearte para cuando jugás con ellos. Entonces la mayoría sale a jugarles pensando en hacer individualmente un buen partido, que «ojalá alguien me vea», pero pocos salen a ganarles, y aquellos equipos que se han animado a hacerlo desde el esfuerzo, el trabajo, desde la idea de no regalarles metros, de pensar el partido, de trabajarlo, les han creado muchos problemas, y aquellos equipos que les salen pensando en jugar, en «bueno, es un partido de Liga», se llevan cuatro o cinco goles.

Pero debe entenderse que los logros no llegan solo por pronunciar palabras bonitas, tocando las fibras o con simples actos motivacionales, más allá de que son aspectos muy importantes para mí y mi gente en el desarrollo de nuestro trabajo. Hay motivos que son fundamentales para que todo se vaya complementando. Nosotros, por ejemplo, en las dos últimas pretemporadas pudimos contar con la mayor cantidad de futbolistas desde el inicio del trabajo. Cada vez que hemos podido preparar con el profesor Óscar Ortega, y obviamente el resto del cuerpo técnico, a un equipo con tiempo y con los futbolistas, siempre hemos estado peleando, y estas dos oportunidades confirman lo que digo.

«Realmente, muchas veces siento ante partidos importantes, trascendentes [...].»

Cómo trabajamos nosotros los días de pretemporada en Los Ángeles de San Rafael al inicio de temporada es el punto clave de todos los puntos importantes para que el equipo llegue a donde queremos que lo haga, y me guío por los hechos, no por las palabras. Está claro que te pueden decir «te vamos a traer un jugador buenísimo» faltando cuatro días para comenzar la competencia oficial, y posiblemente tardaremos un tiempo en reacomodarlo en el equipo. Ahora, cuando vos tenés los futbolistas como los tuvimos, eso te genera una preparación de idea, de espíritu. Porque lo que no entienden los que trabajan en la economía de los clubes –que piensan que, después, con el tiempo, el futbolista se pone bien– es que se va a poner bien desde lo físico, obviamente, pero desde lo espiritual, no. Cuando preparás un equipo, es decir, dieciséis o diecisiete tipos que están encaminados hacia un lugar, que entrenan, que trabajan, que se levantan a las siete de la mañana, triple turno, y les metés físico, y les metés táctico y les metés juegos, vos los vas preparando para algo de verdad; nosotros nos manejamos muy bien cuando pasa esto.

Es difícil hablar de uno, pero creo que el mayor mérito que he podido tener para que se diera la temporada que tuvimos fue ser consecuente con una idea, no negociarla. La fuerza más grande que hemos tenido incluso como cuerpo técnico fue «no negociar la idea», porque, obviamente, te confunden los resultados, te confunden algunos partidos, pero nosotros no lo hemos negociado. Siempre fuimos «criteriosos», insistentes, equilibrados, y llegamos al logro más lindo que nos pudo haber pasado de los que teníamos para elegir, porque la Liga es única, porque durante toda la próxima temporada seremos el campeón de Liga, y ganarla nos llevó a un lugar que quedará en la historia y en la leyenda del Atlético de Madrid.

A partir de esta situación que marco, está claro que nosotros jugamos a otra cosa de lo que está acostumbrado el fútbol español, que nos ha llenado los ojos, que nos ha maravillado con su juego. Somos unos enamorados de lo hecho por el Barcelona y la selección, pero entendiendo que también «se puede ganar de otra manera» y lo dijimos desde el primer día que llegamos al club. Porque tiene que saberse que es difícil ser preciso en tres toques. Muchos dicen es muy fácil saber defender. «No», no es muy fácil saber defender; hay equipos que defienden muy mal; mejor dicho, la mayoría de los equipos defiende muy mal. Es complicado saber defender bien porque necesitás tener un gran esfuerzo colectivo, una compenetración grupal, un trabajo físico importante para poder responder a la necesidad del conjunto. Esto hizo que de a poco, el fútbol mundial –me animo a decir, reflejado en lo que pasó en el Atlético de

Madrid– ha dicho: «Cuidado, hay otra manera, no se gana solamente de esta manera». Yo creo que nosotros mismos hemos ido observando a muchos equipos del mundo, como por ejemplo al Borussia Dortmund de Jürgen Klopp o el Bayern de Múnich de Jupp Heynckes, es decir, equipos diferentes a los que nos invitaban a copiar, y cuando te invitan a copiar a mí me genera rebeldía, porque no creo que haya que copiar, hay que mirar, y a partir de mirar, mejorar lo que vos creés que sacando de los demás podés construir con tu pensamiento. Vos copiás porque todos te invitan a decirte «esto está bien». Yo no voy con esa situación, y yo a eso me rebelo, porque pienso que hay maneras diferentes de vivir, hay maneras diferentes de manejarse, de comportarse y claramente «hay maneras diferentes de jugar»; ninguna es la mejor, porque todas son buenas, con todas se gana y con todas se pierde. Pero quedó claro que hemos contagiado con nuestras formas. Me puso contento escuchar a Thiago Silva comentar que habría que fijarse más en el Atlético de Madrid, y que Scolari –más allá de la derrota fuera de contexto que sufrió en el Mundial con la selección de Brasil– haya mirado y exprese que hay que seguir lo que hizo el Atlético de Madrid. Esto habla de que nuestro trabajo fue bueno y de que movilizamos a los demás con menos recursos, con menos posibilidades económicas, que les mostramos con hechos, no con palabras, «que vos podés».

«[...] está claro que nosotros jugamos a otra cosa de lo que está acostumbrado el fútbol español, que nos ha llenado los ojos, que nos ha maravillado con su juego.»

Me pedían que diferenciara la rebeldía, la tozudez, el capricho del convencimiento de ir en dirección opuesta a la mayoría. Y decía yo que, a partir de lo que sé que podemos dar junto con mi cuerpo técnico, creo totalmente en lo que puedo hacer, pero primero mirándonos a nosotros, y a partir de que me encuentro con futbolistas entregados como nos tocó, con futbolistas que desde el primer momento aceptaron ir detrás de una idea diferente absolutamente a la que les contaban, todos los días fue fabuloso. Porque hay que recordar que llegamos al club cuando estaban los Diego Rivas, los Adrián. Si no, parecería que hubiéramos sido y somos solamente un equipo rocoso, luchador, corredor y peleador, pero lo que parece no verse –y es lo más grande como entrenador, como cuerpo técnico y como filosofía de trabajo– es que hemos logrado que el equipo juegue con los Adrián, los Arda y los Diego. Que después fueron pasando por los Koke, por los Falcao, los Villa, los Diego Costa... Hablo sobre todo de los delanteros, porque siempre parece haber una predisposición menor al trabajo colectivo, y en todo momento ellos nos dieron la posibilidad de tener la fortaleza más la creatividad y la capacidad de trabajo para aceptar el desafío de jugar distinto.

Cuántos motivos se unen para darse cuenta de lo difícil que es ganar la Liga de España y cuántas cosas deben confluir para lograrlo. Treinta y ocho fechas son suficientes para permitir a cualquier equipo recuperarse de algún bajón que sufra en la temporada; también son muchas para mantenerse en una lucha con dos gigantes como el Madrid y el Barcelona. No se trata solamente de tener un estado físico superlativo para sostener esa cantidad de fechas, además teniendo que alternar con las competencias de Copa del Rey, Supercopa y Champions, que desgastan física y mentalmente, y que obligan a dosificar, a pensar, a elaborar estrategias para minimizar el margen de desgaste que inexorablemente aparece. Pero he de decir que todo también se hace más fácil cuando existe por parte de los futbolistas el convencimiento absoluto y una credibilidad total a lo que vos pensás; entonces el que te escucha «te cree todo», pero teniendo en cuenta que hay que transportarlo a la realidad, así que si vos no tenés los futbolistas, que son los que te transmiten todo lo que vos pensás, es imposible desarrollarlo.

Ahora bien, a la pregunta que cualquiera podría hacerme sobre qué te lleva más tiempo o qué creo yo que es más importante, si lo físico, lo táctico, lo estratégico, lo mental..., digo que cualquier equipo puede usar cualquier sistema siempre que «haya credibilidad en lo que se hace». A mí cuando me dicen que no puedo jugar 3-4-3, 4-3-3, 4-2-3-1... pienso que es mentira. El futbolista, cuando quiere y cuando tiene por delante gente que lo empuja a que se sienta seguro en lo que hace, responde con cualquier sistema.

Mi forma de ser y de pensar siempre me lleva a creer que va a pasar lo mejor aun cuando el grado de dificultad de lo que perseguimos es alto, y esto me pasa cada vez que empezamos una temporada, una competencia y trabajamos en consecuencia. Pero, puntualmente, esta Liga me hizo ver que íbamos a ser altamente competitivos hasta el final, y algo más que una piedra en el zapato para el Barcelona y el Real Madrid cuando ganamos un par de partidos fuera de casa muy difíciles como Elche o Granada, cuando pasamos la barrera del mes de enero allá en Málaga, no antes.

Aunque, como anécdota, en la interna –antes de empezar el campeonato anterior en el que salimos terceros y ganamos la Copa del Rey, en la preparación, en las charlas que uno tiene en la pretemporada con los futbolistas– les decía que a mí no me sorprendería nada de lo que pudiera dar el equipo, viendo lo que teníamos; no me ponía un lugar, porque el club obviamente tenía en mente el tercer puesto que le permite asegurar clasificarse para la Champions, la cual le genera una condición económica que lo favorece para poder seguir creciendo, pero yo me acuerdo que ya en ese entonces les decía uno por uno a los chicos: «No me sorprendería nada de este equipo, muchachos». Porque empecé a intuir, a vislumbrar algo distinto, y les comentaba a los jugadores: «Ustedes me van decir que estoy loco, pero no me sorprendería ningún lugar en la tabla», porque veía, insisto, que algo se estaba armando.

Al empezar esta temporada 2013/2014, la verdad es que el «partido a partido» nos embarcó a todos, nos metió en un embudo de no querer aislarnos de esto, porque nos daba la posibilidad de ver que estábamos a tres puntos, dos puntos, alguna fecha incluso primeros. Pero a partir de enero, febrero, cuando pasamos esa cuesta, yo decía que lo mejor que nos podía haber pasado era tener el último partido en Barcelona, porque si tenía que pasar algo iba a ser una final, e increíblemente pasó así.

Otro tiempo, otro momento importante para vislumbrar la Liga que haríamos fue justamente en el comienzo de la temporada el enfrentamiento a dos partidos frente al Barcelona por la Supercopa española. Si bien no la ganamos por el *gol average*, me demostró que el equipo estaba. Fue un indicador de que el futuro inmediato era prometedor.

Y entonces comenzamos la Liga, con un arranque muy fuerte, demoledor, terrible, con mucha decisión, el equipo fue concreto, con armas nobles, con armas simples, pero con un paso contundente.

«A lo largo de la temporada hay momentos en los que uno debe estar preparado como líder, como cabeza de grupo[…].»

Puedo sorprender a más de uno, pero es lo que siento. Ganar la Copa del Rey en el Bernabéu frente al Madrid fue extraordinario, inolvidable, porque había cuarenta mil colchoneros, porque fue una final; pero en el interior, interior, interior, romper catorce años de verdad en la Liga en el Bernabéu fue un momento de satisfacción interna que quedó reflejada en cámara cuando terminó el partido, un «uuuuf» que muestra la plenitud que sentía en ese momento de sacarnos el peso que teníamos de catorce años sin ganarles en la Liga, y no fue de casualidad.

A lo largo de la temporada hay momentos en los que uno debe estar preparado como líder, como cabeza de grupo para reacomodar a su gente ante determinados bajones y derrotas como sucedió al caer en semifinales de la Copa del Rey y en la Liga frente al Almería y el Osasuna. Después de perder en Almería, yo hablé claramente al grupo, pero entendía que el fútbol tiene momentos, todos los equipos pasamos por distintas situaciones; a lo largo de la Liga hay un momento de bajón, ya sea porque no estás rápido, porque no funcionás tácticamente, perdiste precisión, porque algunas lesiones te rompen la estructura del equipo, por distintos motivos; pero hay un momento en la Liga en el que tenés que entender que esto va a pasar, y si vos lo entendés, reaccionás más rápido para lo que va a venir; ahora, si vos te quedás en que «uh, qué mal que estamos», empieza a invadirte el miedo, sobre todo en este club, y para contrarrestar esta situación traté de relacionar al equipo con lo mejor de lo nuestro.

En esa etapa en vez de mostrarles vídeos de los rivales, les mostraba vídeos de las cosas nuestras, defensivas, ofensivas, o sea, se trataba de potenciar todo lo bueno que hasta hacía veinte o treinta días atrás teníamos y que en el juego –porque no deja de ser un juego– se había desvanecido. Sobre todo había que sacar lo bueno por toda la información que tiene un equipo como el Atlético de Madrid desde el afuera, desde la negatividad; había que sacarlo, sacarlo, porque está claro que está siempre dando vueltas en el ambiente, por un montón de cuestiones ya sea porque estamos muy lejos económicamente del Madrid y el Barcelona, porque es normal que en las próximas ocho ligas el equipo pueda salir tercero, cuarto, sexto, segundo… pero que salga primero va a ser difícil otra vez, pero no imposible, era necesario que el equipo se diera cuenta de que podía.

Así del mismo modo que hay que trabajar los bajones, también hay que hacer lo propio en la victoria, porque parece sorprendente, pero jugar todas las competiciones y ganar miércoles, domingo, miércoles, domingo… también abruma, pensando si en realidad estás para todo. Y esta situación es muy dura para el entrenador, la más difícil, porque el futbolista quiere competir, quiere ganarlo todo, y hay veces que es muy complicado llegar con las mismas fuerzas a todos los partidos, por eso esta última temporada quedará en la historia. La Supercopa española no la perdimos; la semifinal de la Copa del Rey, la final de Champions sin perder ningún partido dentro de los 90 minutos, que se escapó faltando dos minutos, y la Liga ganada con un grupo de pibes extraordinarios que se comprometieron enormemente y que hicieron algo no fácil para el Atlético de Madrid.

En la vorágine de tantos partidos, sentí que hubo un momento que la Liga me dijo: «Simeone, es ahora o nunca», y ese momento fue cuando teníamos que enfrentarnos al Athletic de Bilbao en San Mamés.

«Así del mismo modo que hay que trabajar los bajones, también hay que hacer lo propio en la victoria [...].»

Nosotros llegamos a ese partido y veníamos medio como con un bajón físico, anímico, futbolístico, táctico, no sé bien qué exactamente, pero algo notaba. Soy un entrenador que se guía mucho por el instinto, obviamente después de estudiar un montón de situaciones, de preguntar un montón de cosas, de escuchar distintas ideas de muchas personas, pero después me dejo llevar por el instinto porque por ahora me ha ido bien y espero poder seguir teniendo esa sensibilidad para interpretar situaciones. Recuerdo que hablé con Burgos y le dije: «Germán, tenemos que hacer algo diferente a lo que hacemos, el equipo necesita un impulso». Ya era la fecha 29. Se me ocurrió conectar con Irene Villa, a quien, junto con su marido, había conocido poco tiempo antes y su historia me había conmovido, impactado, aunque mucho más me llegó su capacidad de lucha ante la adversidad más dura, y su fuerza y alegría para que lo que le pasó fuera un impulso para demostrarse y demostrarle al mundo que se puede. Sabía que si su charla con los jugadores pegaba, nos iba a generar una ola importante para adelante, porque yo estaba convencido de que en ese momento los chicos necesitaban algo diferente. Yo digo que el futbolista en un momento necesita que lo lleven, en un momento hay que dejarlo ir para que se maneje, para que se exprese, para que resuelva, pero hay un momento en que hay que agarrarlo de la mano y decirle «por acá», y ese momento era justamente para agarrarlo de la mano y decirle claramente «este es el camino».

Y esa noche el partido. El típico ambiente de fervor que envuelve San Mamés, la lluvia, el rival de enorme jerarquía y la necesidad de ganar para mantener la lucha. No empezó bien, rápidamente perdíamos 1-0 y por un instante tuve preocupación. Pero a los cuatro minutos tiramos tres jugadas que habíamos hablado antes, de cómo marcaban en línea, que se podía romper con Costa, y aparecieron situaciones una detrás de la otra, y tienen que creerme que me quedé tranquilo, porque me dije «el equipo está bien». En el 1-1 estábamos en partido y sabía que si nosotros salíamos ganando ese partido, contra un equipo al que habíamos ganado ahí en la Copa del Rey, el equipo se iba a hacer muy fuerte para lo que quedaba, porque ya iba a entender que ganar dos veces en Bilbao no era casualidad.

Así como esa noche sentí que peleábamos la Liga hasta el final, no tuve la sensación de que se nos escapara cuando perdimos en Levante, porque sé que puede pasar cuando estás cerca de algo tan importante. Siempre lo digo, yo estoy preparado para estos golpes, porque sé que aparecen, cuando viene todo demasiado, demasiado, demasiado bien, en algún momento puede haber una situación así.

Yo se lo venía diciendo a los jugadores: «Cuidado, cuidado, porque acá lo importante es que nosotros estemos fuertes, cada partido puede ser determinante, podemos tener algo, podemos tenerlo todo, podemos no tener nada». Había que vivir del día a día más que nunca.

Yo estaba convencido de que lo lograríamos, es más, creí que seríamos campeones en casa contra el Málaga, pensé que ese era el momento y no se dio. Sin embargo, mi cabeza vio en el empate la parte positiva. Como siempre, lo dije después del partido: «Nadie va a creer que podemos pasar en Barcelona», y en realidad teníamos el partido más simple, entiendan el significado de lo que digo, de los últimos seis o siete partidos del año. ¿Por qué? Porque teníamos un partido con dos resultados, y a mí no me vengan a decir que todos nos querían hacer creer que el Barcelona llegaba mejor por jugar de local, por tener a Messi, Neymar, Alexis, a todos los futbolistas fenomenales que tienen, sino que era una situación difícil, pero que el fútbol te estaba dando dos opciones: empatar o ganar. Se tiene que comprender que en las últimas fechas antes del último partido teníamos la obligación de ganar sí o sí, no podíamos ni empatar un partido porque nos corrían de atrás dos poderosos.

Y todo se dio un poco emparentado con la historia del club, con cierta angustia, saltando montones de dificultades que nos presentó el partido: perdiendo rápidamente a Costa, lo cual no me esperaba, no pensé que se iba a lesionar; después a Arda en menos de veinte minutos; recibiendo un gol fuera del contexto de lo que era el desarrollo del partido, que no me dio temor realmente, porque conozco a los jugadores, conozco al equipo, conozco la respuesta que pueden tener, y el equipo se repuso, porque quien vio el partido pudo observar en el tramo final del primer tiempo, en esos cinco minutos finales, que había un olor a gol en cada córner, en cada pelota parada; el equipo tuvo gran reacción y dominio generando situaciones para el empate, el equipo supo sostenerse ante la ausencia de jugadores determinantes sobre todo para este tipo de partidos.

«[...] lo importante es que nosotros estemos fuertes, cada partido puede ser determinante, podemos tener algo, podemos tener todo, podemos no tener nada.»

Justo en el final de la etapa me di cuenta de que lo íbamos a lograr. Cuando llegamos al vestuario hubo un hecho posiblemente determinante en el recorrido del partido, que la gente no lo vio. Después de una amarilla a un jugador del Barcelona hubo un problema muy grande en el vestuario, que el árbitro Mateu Lahoz lo sostuvo con gran hidalguía, con una gran personalidad. Muchos jugadores del Barça discutiendo con él, muchos dirigentes dentro del túnel también para discutirle al árbitro, y yo creo que eso hizo un clic en el partido. La personalidad del juez para llevar esa situación con naturalidad y firmeza nos hizo notar en ese recorrido mucha ansiedad en los rivales. Entonces fuimos al vestuario con la sensación de que ellos estaban ansiosos, y les dije a los futbolistas que estábamos mejor que ellos, que me creyeran, que si les hacíamos un gol, se terminaba el partido, y con esa historia salimos al campo, sabiendo que hacíamos un gol y éramos campeones. Y así pasó. Cuando hizo el gol Godín, no lo grité, y nunca me fui del partido, nunca me fui de lo que estaba pasando.

Así logramos el título de Liga, impensado para la gran mayoría. Fue una alegría muy fuerte, como fuerte fue el abrazo con mi viejo Carlos que estaba en la tribuna del Camp Nou. Él me había dicho que venía para los dos últimos partidos, no antes, porque ahí se definía la Liga. Pensé que se me quedaba. No somos los Simeone muy expresivos, pero en ese momento lo vi desencajado, realmente emocionado como nunca. No fue un año fácil para él, por un problema de salud muy importante del que se recuperó plenamente. Son cosas que pasan y hay que sobrellevar. Una mañana muy temprano me avisan de una situación que había que resolver, con una operación, a doce mil kilómetros de distancia. Es un momento que sabés que va a llegar, pero el día que pasa... Por suerte, en esta, gracias a Dios, salió todo bien, pero fue un aviso, triste, muy feo, que te hace preguntarte: «¿Qué hago?»; «¿para dónde voy?»; «¿salgo hoy por la noche para la Argentina?». Pero tenemos el partido..., muchas cosas en la cabeza. Una decisión difícil, que, como todo en mi vida, resolví con el corazón, aunque me equivoque porque el corazón a veces te traiciona, la cabeza te traiciona menos. El momento fue duro, hablé por teléfono con manos libres con mis hermanas y con mi mamá, en Buenos Aires, y decidimos la operación, que duró doce horas y siempre con el riesgo de que no saliera bien y al otro día tuviera que viajar a verlo, porque siempre digo que la familia está antes que el fútbol, aunque a veces en este sentido no sé si me he comportado de la mejor manera.

Por eso el abrazo con él en el Camp Nou cuando salimos campeones fue un momento único. Yo le venía diciendo que viniera a Madrid para mi cumpleaños, que sería bueno que viniera a ver la Champions a Milán, después a Londres, y él me decía: «Nooo, tranquilo, yo voy a ir los últimos dos partidos porque ahí se va a resolver la Liga». «¿Faltando dos partidos? –le decía–, ¡no me podés decir esto!» Claro, faltaban todavía diez en ese momento, y entonces, evidentemente, el encontrarnos como cuando era un chico festejando con el papá en un estadio como el Camp Nou y ante un equipo, en un escenario como el que teníamos, rompe toda barrera del fútbol. La verdad es que me asusté cuando lo fui a saludar; primero fui contento a abrazarlo, pero cuando lo vi tan emocionado, me preocupó, porque él no es de llorar, y me dije «a ver si se me queda acá». Sin duda, este título y todo lo que me pasa como entrenador y que me pasó como futbolista es parte del esfuerzo de mi viejo.

Muchas veces no es fácil para nosotros estar tanto tiempo del año lejos de la familia, los afectos, los hijos, pero es lo que elegimos, para lo que nos preparamos y que hacemos con todo el corazón, creyendo ciegamente que nuestro trabajo y perseverancia nos llevarán tarde o temprano a lograr lo que nos proponemos; por eso estoy convencido de que si se cree, se puede.

Nunca nos dimos cuenta de dónde estábamos parados, creo que todo lo que vivimos en los últimos tres meses de temporada nadie lo pudo disfrutar, porque era una adrenalina continua, era un estado excitante diario, una tensión minuto a minuto, porque tenías que ganar siempre. Y creo que lo mejor que nos pasó fue no habernos detenido a ver lo que estábamos haciendo; estoy seguro de que con el tiempo todo esto que hicimos va a ser mucho más grande de lo que creemos que fue.

3. Champions League 2013/2014

Desde que empezó la temporada, yo creo que a la Liga el equipo la fue encontrando, nunca la imaginó. La Champions, en cambio, siempre la quiso, siempre el equipo fue detrás de esa competencia. Yo los fui acompañando en las dos situaciones. Obviamente, cuando los futbolistas empezaron a sentirse más cerca de la Liga, comenzaron a verla de otra manera, pero la fueron saboreando partido a partido, encontrándola. Siempre se focalizaron en la Champions, como en su momento lo habían hecho con la Europa League, que logramos, hasta que de repente se dieron cuenta de que estaban peleando en las dos competencias.

Algunos desde fuera me decían que en la Champions veían al equipo más suelto, con la misma intensidad, pero más relajado que en la Liga, a lo que yo respondo que la Liga es más difícil y la Champions se juega a jugar; es distinta, normalmente los equipos que participan son todos campeones, por lo cual tienen una prioridad por el juego. En la Liga, te encontrás con dificultades porque unos pelean por entrar en la Champions, otros en la Europa League, otros por salvar la categoría, y además son treinta y ocho fechas en las que te enfrentás en cuatro partidos con equipos que económicamente están 400 millones por encima del tuyo. Por eso la Liga para mí es más difícil, y lo digo una vez más: salir CAMPEÓN de Liga es imposible, pero lo hicimos posible.

La Champions tiene otras características como torneo internacional que es, otro formato, otra dinámica; pero nuestra participación ha sido también para la historia por los rivales que nos tocaron y por lo cerca que estuvimos de ganarla. En la primera rueda, la actuación del equipo fue extremadamente eficaz, superó la fase con holgura desde los números y logró la anticipación de dos jornadas del final de la serie para pasar a la fase siguiente.

Pero en el juego los rivales nos plantearon muchas dificultades, que supimos contrarrestar.

No tengo dudas de que el primer partido de local frente al Zenit nos abrió el camino, un equipo experimentado y un entrenador, Spalletti, que como buen míster italiano, planteó gran cantidad de variantes tácticas en el desarrollo del partido, lo que nos obligó a pensar, a estar en permanente alerta para resolver las dificultades que se presentaban. Recuerdo que su planteo fue duramente cuestionado, según decían, por ser extremadamente defensivo, y yo digo que para mí fue excelente, a tal punto que recién cuando lo varió para venir a buscarnos, encontramos caminos más accesibles para llevar el partido a nuestro terreno y, en definitiva, a la victoria.

«Por eso la Liga para mí es más difícil, y lo digo una vez más: salir CAMPEÓN de Liga es imposible, pero lo hicimos posible.»

Sin duda, el partido más difícil de la primera fase fue frente al Porto en su casa. Rival de jerarquía, con experiencia en la Champions y al cual nos enfrentamos días después de la gran victoria en el Bernabéu frente al Madrid por la Liga. Tras un esfuerzo importantísimo, que se vio reflejado en el primer tiempo, realmente fuimos superados con amplitud en el juego. Por suerte, el resultado fue apenas 1-0 en contra.

Debo reconocer que sentí que fue otro de los pocos partidos donde las decisiones que tomé tuvieron un peso significativo en el desarrollo de lo que quedaba de juego. Hicimos cambios importantes, muy importantes, por el peso de los nombres, hablamos con firmeza en el descanso y el segundo tiempo fuimos otra vez el equipo que somos: duros, compactos y agresivos. Le dimos la vuelta en el final y nos llevamos una victoria que nos ponía muy de cara a la clasificación y, sobre todo, mostraba al mundo un equipo para considerar seriamente.

El bolillero nos puso cara a cara con el Milán. Equipo de la Champions si los hay, quizá no en su mejor momento, pero que nos iba a plantear muchas dificultades. Alguna declaración exagerada motivó a nuestro equipo más allá de lo que la instancia de por sí podía motivar. El San Siro era lo que siempre fue, una olla a presión, un par de situaciones muy comprometidas en nuestro arco levantó al rival y al estadio. Solo un buen equipo, un equipo de hombres como el nuestro, consciente de llevar a cabo todo lo que habíamos hablado, nos permitía tener plena confianza de lograr un buen resultado. Y así fue, casi en el final, Diego Costa metió un cabezazo ganador. La revancha en el Calderón fue un duro partido que resolvimos con autoridad. Una nueva instancia de la Champions llegaba. Barcelona.

Nadie daba cuatro pesos por nosotros, los antecedentes del rival hablaban de siete ediciones consecutivas pasando a semifinal. Pero los enfrentamientos con ellos en la Liga y en la Supercopa española nos habían demostrado que estábamos en condiciones de superarlos. Trabajamos con mucho detalle el partido, no dejamos nada librado al azar, pero existen circunstancias en el fútbol que obligan a cambiar el rumbo, como fue la del Camp Nou con la lesión de Diego Costa. Perdíamos un hombre clave, pero la entrada de Diego Rivas nos dio soluciones en el juego más allá del golazo que marcó. Fue un 1-1 y la sensación de que aun con la jerarquía del rival ya conocida, teníamos muchas chances de pasar.

Y en el partido de vuelta en casa se me presenta la situación de tomar otra decisión importante: jugar o no con Diego Costa, que venía de recuperarse de la lesión. Decido que no juegue, que ni siquiera vaya al banco, porque yo consideraba que ante lo que nos tocaba por delante en esta lucha que teníamos de pelear Liga y

Champions al mismo tiempo, si teníamos que jugar con Costa contra el Barcelona en cuartos y perderlo pasando el turno y quedándonos sin el jugador en la Liga, era una injusticia para un equipo de fútbol que ya se había preparado para ganar.

Obviamente hablé con Costa, y al principio lo entendió. Le dije: «Lo vamos viendo antes del partido». Cuando me doy cuenta de que no estaba en las condiciones en que yo creía que debía estar, él se enoja y me viene a decir: «Míster, yo estoy para jugar». Hablamos y llegamos al punto de que entendiese que yo no consideraba que estuviera en la mejor forma y que si íbamos a pasar de ronda, pasábamos con él y sin él. Y así fue, porque yo creo en los equipos, no en lo individual. Sin duda, jugamos uno de los mejores partidos de toda la temporada, si no el mejor. Fueron unos primeros minutos atormentadores para el Barça, los superamos en todos los aspectos; el equipo estaba consciente de poder dar el golpe y lo hizo, con claridad, con autoridad. Los chicos lo hicieron con la personalidad que requería el rival y la instancia del torneo.

Los enfrentamientos frente al Chelsea me provocaron mucha felicidad. Poder transmitir una idea y que sea desarrollada dentro del campo de juego es fantástico para un entrenador. Creo que lo más complicado como conductores de grupo, como técnicos, es ver a tus futbolistas vivir el partido en el mismo estado que lo vivís vos y en la misma situación que lo pensamos, y realmente luego de un verdadero juego de ajedrez en el Calderón, la revancha en Londres fue uno de los partidos del año que el equipo desarrolló a la perfección. Nos puso en el mejor estado para competir, y si algo tenemos, es competencia. En Stamford Bridge hubo una preparación táctica que, como pocas veces, me hizo sentir partícipe de todo porque no me gusta estar en el lugar que no tengo que estar, que es el de los jugadores, pero en el partido sí que me siento partícipe, y en ese partido con el Chelsea en su estadio sí que tuvimos mucha participación, desde cómo preparamos el partido, desde cómo lo trabajamos, cómo lo pudimos llevar al campo, obviamente siempre extraordinariamente desarrollado por los futbolistas, pero hay pocas veces en que un entrenador dice «este partido salió, "tac", perfecto». Muchos se sorprendieron de que dejara a Villa en el banco y pusiera a Adrián, pero conozco al plantel, aunque obvio, puedo equivocarme, y por las características de Adrián y del resto de los futbolistas que iban a jugar ese partido, teníamos muchísimas posibilidades de hacerles daño y fui a por él. Fue una victoria notable que nos metió nada menos que en la final de la Champions.

«Poder transmitir una idea y que sea desarrollada dentro del campo de juego es fantástico para un entrenador.»

Aunque es incomprobable, quedó la sensación de que el tener que jugar un partido decisivo frente al Barcelona por la Liga una semana antes que la final de la Champions nos restó algo de posibilidades. El Madrid, fuera de competencia, pudo preparar la final quince días, reservando algunas piezas importantes, y a nosotros nos quitó tiempo y espacio de trabajo, y nos provocó la baja de Arda y la lesión de Costa, que a la postre, aun con el esfuerzo por recuperarse que realizó toda la semana, no alcanzó para tenerlo como deseábamos.

Poner a Diego Costa de titular o dejarlo en el banco fue la decisión más difícil que me tocó como entrenador, porque el día anterior en el entrenamiento previo al partido le prestamos muchísima atención. La gente que lo pudo presenciar vio cómo hacía alargues de cincuenta metros en mitad de la cancha entrenándose paralelamente en posesión de balón con nosotros, cabezazos, marcas y muestras, que te invitaban a decir «bueno, estamos jugando una final de Champions», que posiblemente uno pueda volver a jugar las que le toque, o quizá ninguna más. Entonces, ante esa situación, Diego Costa es un jugador para nosotros desequilibrante, importante para el grupo, para los rivales, y viéndolo entrenarse, me planteé que entre tenerlo en el banco y que entrase y se pudiese lesionar, y ponerlo desde el inicio, con lo que había visto en el entrenamiento, me daba la tranquilidad de que me podía dar 45 minutos buenos. Desgraciadamente no fue así, y a partir del alargue nos encontramos con que nos faltó un cambio. No fue culpa de Diego, porque obviamente quería jugar y dar lo mejor. Posiblemente, si yo hubiera estado en su lugar como futbolista habría hecho exactamente lo mismo, y posiblemente otro entrenador en mi lugar lo hubiese puesto también. ¿Por qué? Porque es un partido único al cual a un jugador del calibre de Diego Costa le teníamos que dar la posibilidad de decir «lo pierdo, pero lo pierdo a los 45 minutos». La verdad es que no esperábamos perderlo a los siete, y quieras o no, en el andar del partido, tristemente nos sacó un cambio para el equipo que pudo haber sido determinante en el juego.

Jugar una final de la Champions significó estar en un lugar difícil para el Atlético de Madrid, al que había llegado solamente una vez y habían pasado cuarenta años desde ese momento. Encontrarnos con el rival del medio local después de haberle ganado la Liga increíblemente nos ponía en una situación muy buena, creo que estuvimos muy cerca de poder dar ese paso grande de ganar las dos cosas.

No ganarla me significó dolor, obviamente, pero un dolor raro, una amargura, pero no tristeza. Entender que el otro también puede ganar –lo cual no me es fácil–, porque los últimos veinte minutos del partido y en el suplementario ellos fueron mejores que nosotros, y que esto es un juego, a veces te toca ganar y a veces te toca perder, injustamente, en el final, faltando dos minutos, pero es un juego, y lo habíamos dado todo.

Lo primero que les dije a los jugadores cuando terminó fue: «Ni una lágrima, este partido no se merece ni una lágrima». Porque habían hecho un partido enorme, porque habían hecho un año fantástico y porque claro que se puede perder, nadie quiere perder, pero si tiene que pasar, que sea así.

Y tanto fue así que, después de finalizado el partido, lo que viví cuando entré en la conferencia de prensa, con el aplauso general de periodistas extranjeros y españoles, aunque no diese ningún título, sirvió para potenciar esa sensación que teníamos de haberlo dejado todo. Y esa tranquilidad va acompañada de lo que das, porque es muy difícil estar tranquilo si vos sabes que no lo diste todo. ¿Buscar excusas, criticar por qué esto, por qué lo otro? No somos de esa línea, creemos que siempre se puede hacer más, siempre se puede mejorar.

Por eso, después de un año extraordinario para el Atlético de Madrid, semifinalista de la Copa del Rey, sin perder con el Barcelona en la Supercopa española ni en el resto de los enfrentamientos de la temporada, finalista de la Champions a minutos de ganarla y Campeón de Liga, me hace pensar que este equipo puede dar más, me sigue despertando un sentimiento de crecimiento y la seguridad de que todavía tiene la energía para seguir compitiendo al más alto nivel.

Agradecimientos

Queremos dar las gracias por su ayuda para que este libro haya sido posible a Natalia Simeone, José Luis Pasqués, Miguel Arjona, Lara de Miguel y todo el Club Atlético de Madrid, Ángel Gutiérrez Luque, Santi García Bustamante, Luis Aragonés, Kiko Narváez y Javier Gómez Matallanas.

LOS EDITORES

Su opinión es importante.
En futuras ediciones, estaremos encantados
de recoger sus comentarios sobre este libro.

Por favor, háganoslos llegar a través de nuestra web:

www.plataformaeditorial.com